너는 내 것이라

원종수 간증집

너는 내 것이라

國民日報社

책을 내면서

나는 솔직히 한국에 나의 간증이 알려졌다기에 무척 당황했다. 로스엔젤레스 한인 은혜교회에서 간증했던 것이 한국에 보급되면서 이런 파급 효과가 일어날 줄은 상상도 못했다.

내가 하나님의 은혜의 바닷속으로 들어가기까지에는 어머니의 눈물 어린 기도가 있었다. 나는 어머니에게서 새벽기도를 배웠고, 하나님께서는 특별히 나를 인도하시고 간섭하셨다.

나는 암 전문의지만 암과 영혼을 함께 치료하는 의사가 되고 싶다. 그래서 새벽길을 헤치고 교회에 도착하면 '하나님 오늘은 어떤 사람을 붙여 주시겠습니까? 성령님에 의해서 마음이 준비되고 성령님께서 천사를 통하여 마음을 부드럽게 해줄 사람을 알려 주십시오.'라고 매일 기도드린다.

나의 사명은 암환자들을 그리스도의 품으로 돌아오게 하는 것이라고 생각한다. 매일의 삶을 암환자에 대한 관심 속에 살고 말기 환자에게는 편안한 죽음을 준비시키는 의사가 되고 싶다.

내가 신학을 하게 된 것도, 만약에 의술을 갖고 있는 선교사로의 부르심이 있다면 헌신할 각오로 공부하고 있는 것이다.

내가 고등학교 때 뜨겁게 주님을 만난 후에 슈바이처처럼 의술을 가진 선교사가 되고 싶다고 소원하기도 했다.

그래서 내 자신이 커지고 알려지는 것보다 보이지 않는 곳에서 조용한 삶을 살아가는 것이 소망이기도 하다.

하나님께서는 믿음을 찾으신다. 하나님께서는 똑똑한 사람을 찾으시는 것이 아니라 믿음이 있는 이를 찾으신다.

고국에 오기 전에 하나님 앞에 '아버지, 내가 서울에 가서 한국의 희망이며 앞으로 지도자들이 될 우리 젊은이들에게 무슨 말을 전해야 하겠습니까?' 하고 기도했다.

한 6개월 동안 아버지 앞에 기도하면서 나는 이렇게 많은 사람 앞에 설 사람이 아닌 것을 더욱 잘 알게 되었다.

내가 1976년 12월에 한국을 떠나 미국으로 건너가게 된 것도 어느 곳을 가나 수석 졸업한 사람, 의사 국가고시에 일등한 사람 등등의 수식어로 사람들에 의해서 내가 교만하게 만들어져 가고 있었기 때문이었다.

세상 사람들이 알아 주는 지식 있는 자가 아니라 하나님께서 기억하여 주시는 지혜 있는 자로 내 영혼이 하나님의 관심 속에서 살고 싶은 것이었다.

이 간증으로 나의 자랑이 아닌 내 속에 임재해 계시는 하나님만이 드러나기를 소원할 뿐이다.

또한 나의 간증이 이렇게 책으로 나올 수 있도록 뒤에서 수고해 주신 큰누나 원종옥 권사와 국민일보 출판 담당자들에게 감사를 드린다.

미국 미시간 주에서 원종수

원종수 간증집

너는 내 것이라

사랑하는 부인과 함께.

1장
미시간의 새벽공기

하나님 영광 가리지 않게 해주세요

1993년 11월 첫 한 주간은 내게 잊을 수 없는 날들이었다. 일주일에 열두 번의 집회가 있었는데 매시간마다 성도들이 꽉 들어차서 스스로도 놀라고 말았다. 너무도 부족한 나의 얘기를 듣고자 하는 분들 앞에서 나는 하나님 영광 가리지 않게 해달라고 간절히 기도드렸다.

원래는 서울대 후배를 위한 집회만을 하기로 되어 있었는데 집회 요청이 밀려들어 오는 바람에 큰누님이 거절할 수 없어서 많은 집회 일정을 짜놓았던 것이다.

누나는 목사님들의 요청에 어쩔 수 없었다고 양해를 구했지만 당황한 나는 즉시 어머니께 전화를 드렸다.

"종수야, 너는 순종만 하고 있거라. 성령님이 감당하시리라."

"그렇지만 어머니……."

"걱정하지 마라. 하나님께서 너를 사용하신다. 순종하고 기도해라. 그리고 오직 예수만 드러나게 하여라."

어머니께서는 그 날부터 교회에서 금식하면서 일주일을 기도하셨다.

자녀에게 문제가 있을 때마다 기도로 지원하시는 어머니가 계시다면 그 자녀는 천하를 다 얻은 것이다. 나는 어머니의 기도에 힘입어 집회 일정을 무사히 마칠 수가 있었다.

나는 가끔 어머니가 하나님을 믿는다는 것이 얼마나 감사한 일인가를 생각해 본다. 어머니가 보살이었으면 나도 보살이 되었을 것이고 어머니가 무당이었다면 나도 무당이 되었을 것이다. 천지를 지으시고 인간의 생사화복을 주장하시는 하나님을 믿어 나도 그 하나님을 믿게 되었다는 것이 얼마나 행복한 일인지 모른다. 아무 일을 만나든지 만사형통할 것이다.

한 가정에 기도하는 어머니만 계시다면 그 가정은 분명히 하나가 될 것이다. 가정예배를 통해 우리를 어려서부터 하나님 말씀으로 가르치신 어머니께서는 내가 사회에 첫발을 내디딜 때에도 하나님을 가장 먼저 섬기는 법을 가르쳐 주셨다.

서울대 의대를 졸업하고 첫번째 인턴 월급을 받아 어머니께 드렸을 때였다.

"종수야, 이것은 첫 열매이니 먼저 하나님께 드리자. 우리가 여태껏 고생했는데 한 달만 더 고생하자."

어머니는 이렇게 말씀하시며 나의 첫 월급을 몽땅 봉투째 하나님께 바치셨다.

나는 어머니 말씀이라면 무조건 순종했다. 1976년 3월 의사고시에 수석으로 합격했을 때에는 삼일제약에서 커다란 트로피와 상금 10만 원을 보내 주었다. 다시 봉투째 어머니께 드렸다.

"종수야 상금 타본 일 없지? 이것도 첫 열매이니 하나님께 먼저 드리자."

어머니는 그 상금도 봉투째 교회에 헌금하셨다. 첫 열매는 마땅히 하나님께 드려야 한다는 것이었다.

오늘의 나를 있게 한 기도의 어머니 김철례 권사와 아들 지석이.

하나님 안에서 온 가족이 함께 생각하고 의논하며 살아온 우리에게는 그런 일들이 너무도 자연스러웠다. 어릴 때부터 성경말씀으로 우리를 양육하셨기 때문에 아무리 가난해도 우리는 어머니를 원망하거나 가난한 조상탓을 하지 않았다. 가난에 처할 줄도 알고 부에 처할 줄도 아는 사람이 되라는 뜻으로 알고 모든 환경을 감사로 받아들였다.

가난은, 돈이 없다는 것은 약간 불편할 뿐이었지 부끄러운 일은 아니었다. 내 어린 시절의 그 가난이 지금의 나에게는 소중한 시간들이었다. 그랬기에 주님을 애타게 찾았고 가난 때문에 가난한 심령과 겸손한 심령이 될 수 있었다.

　그리고 성경말씀으로 양육하셨기 때문에 어머니의 말씀도 권위가 있었다. 우리 일생에 누구를 만나느냐에 따라서 우리의 길이 바뀐다고 생각한다. 교회에서는 믿음 좋은 사람과 사귀어서 악한 영들이 틈타지 못하도록 매일 매시간 영적 싸움에서 승리해야 할 것이다.

　나는 어릴 때부터 어머니의 말씀에 "아니오."라는 말을 해본 기억이 없는 것 같다. "부모도 보이는 하나님이다."라고 가르치셨고 십계명의 제5계명은 "네 부모를 공경하라. 그리하면 너의 하나님 나 여호와가 네게 준 땅에서 네 생명이 길리라."고 하셨다. 하나님께서 하라 하신 말씀은 절대명령이시기 때문에 복 있는 자는 그 말씀을 지켜야 되는 것이다.

　그러나 육신의 인격 때문에 안 될 때가 많다. 그러므로 매일매일 그리스도화하기 위해서 기도해야 한다. 길어야 60~70인 인생, 오죽하면 아침이슬 같은 인생이라 하겠는가. 하나님이 오늘 내 목숨을 취한다면 우리는 이 땅의 육신의 껍질을 벗어야 한다. 영원한 생명은 오직 하나님이 주신 것이다.

　우리가 어머니를 순종하며 따를 수 있었던 것은 사랑을 몸소 실천하고 남을 위해 희생하셨던 어머니의 모습 때문이기도 하다. 어머니는 거지 할아버지를 모시고 와서 씻기고 배불리 먹이시고 고아를 데려다 사랑으로, 말씀으로 양육하면서 몸소 실천하시는 분이었기 때문이다. 실천하는 믿음을 보여 주는 부모라면 자녀와 하나되지 않을 수 없을 것이다.

어머니는 여전히 새벽기도를 드리시면서 우리를 위해 기도하신다. 암을 치료하는 의사가 아닌 영혼을 치료하는 의사가 되기를 하나님께 간구하신다.

어머니는 지금도 나에게 타이르신다. "누구든지 너를 핍박하거든 감사해라, 네가 쓰임받는 증거니까. 그들을 위해서 기도해라, 그리고 축복해라. 그렇게 하는 것이 하나님의 사람이다."

미시간은 미국의 북쪽에 있어 비교적 춥다. 그러나 나는 시원하고 상쾌한 공기 때문에 미시간을 좋아한다.

어머니가 물려 주신 영원한 재산

상쾌한 바람, 시원한 공기 때문에 나는 미시간의 겨울이 좋다. 머릿속이 맑아짐을 느낀다.

가끔 나에게 친구나 친지들이 기후가 좋은 서쪽이나 남쪽에 살지 않고 하필이면 그 추운 미시간에 정착했냐고 물어보면 나는 서슴지 않고 미시간의 겨울이 좋다고 말한다. 상쾌한 겨울 바람이 내 정신을 맑게 해주기 때문이다.

더구나 눈이 많이 내린 아침이면 아무도 지나간 흔적이 없는 거리를 나의 지프차가 두 줄을 쭉 긋고 지나간다. 하루의 첫 시간을 나는 이렇게 시작한다.

무릎 꿇고 앉아서 '주님, 종수 왔어요.'

우리 어머니께서 가르쳐 주신 새벽기도를, 비가 오나 눈이 오나 한번도 거른 적이 없으시던 어머니의 차갑던 손길을 지금도 잊을 수가 없다.

'하나님, 이 자녀들 주님이 길러 주세요. 하나님의 지혜를 주세요.'

어린 자녀들에게 해를 끼치는 자들이 없게 해달라고 기도하시던 어머니. 아직도 그 주파수까지도 기억날 정도로 꼭 녹음된 것처럼 내 귀에 매일매일 쟁쟁하게 울려온다.

하늘 아래 제일 소중하고 귀하신 어머니는 우리에게 믿음을 무한한 재산으로 물려 주셨다. 어려서 일찍 아버지를 여윈 우리에게 하나님만이 변함없는 아버지시라고 심어 주셨다. 그때 그 기도 해

주시던 손길이 사십이 넘은 지금도 귀에 쟁쟁하다.

'이 자녀들 하나님을 알게 하시고 하나님을 두려워하게 하시고 하나님만이 이 자녀들의 삶의 목적이 되게 해주세요.'라고 새벽마다 어머니는 하나님께 기도드리셨다.

그 시절 의지할 분은 하나님밖에 없었다. 지금 생각해 보면 그때 내 마음은 아팠지만 돈을 주고도 살 수 없었던 참어려움 때문에 오직 하나님만을 나에게 주신 하나님께 감사드린다.

돈이 없어 가난해서 불편한 것도 많았지만 내 영혼 깊숙이 오로지 하나님만으로 꽉 채울 수 있었던 소중한 어린 시절이었다. 살아 계셔서 내 속에 계신 하나님을 보게 된 것을 감사드린다.

나의 걱정과 근심과 어려움 속에서 하나님을 찾을 수 있는 놀라운 축복의 계기로 삼아 주셨던 은혜를 어떻게 다 표현해서 감사해야 할지 모르겠다.

세상을 떠나 주님 앞에 섰을 때 잘했다 칭찬받는 종이 되기를 원할 뿐이다. 지식만 가졌다면 교만해지기 쉽고 매일 남을 판단하는 일에나 머리를 쓰고 남의 흉이나 보게 되지만, 하나님이 주시는 지혜로 살면 겸손하고 온유하며 어디를 가든지 화목의 제물로 쓰여질 것이다.

솔로몬의 지혜를 가지고 살고 싶다. 돈도 좋지만, 그러나 세상에는 돈으로 안 되는 것들이 너무 많다.

돈으로 믿음은 살 수 없다. 돈으로 집도 큰 것 사고 차도 좋은 것 살 수 있지만 영혼이 하나가 되는 행복한 가정은 살 수 없는 것이다.

돈으로 프랑스 왕궁에서 썼다는 침대는 살 수 있어도 잠을 살 수는 없다. 돈으로 학교에서 지식과 학문을 얻을 수는 있어도 지혜는 살 수가 없다. 돈으로 약을 살 수는 있어도 병을 고칠 수는 없다.

돈으로 아름다운 옷은 살 수 있으나 아름다운 내면의 향기는 살 수 없듯이 돈으로 안 되는 것 중에 제일 큰 것은 천국이다. 돈으로 절대로 갈 수 없는 하늘나라, 오직 믿음으로만 갈 수 있는 천국, 정말로 하늘나라에 소망을 두고 살아야겠다고 생각한다.

한국을 방문했을 때 큰누나와 조카들.

우리가 가진 것은 어머니의 기도뿐이었다

삶의 소망이 동일하다는 것은 부모와 자녀가 하나되는 길이다. 어머니의 그런 가르침이 있었기에 지금의 내가 있게 된 것이다. 많이 부족하지만 수많은 성도들에게 기도하는 사람으로 불리게 된 것은 어머니의 눈물 어린 기도의 후원과 올바른 가르침 덕분이었다. 어느 가정이든지 어머니의 눈물 어린 기도가 있다면 그것은 대단한 힘이다. 바로 복의 근원인 것이다.

그러한 어머니의 기도 속에 자란 자녀라면 자라서도 영원히 하나님의 길을 떠나지 않을 것이다. 나는 어머니의 생활로부터 새벽

하나님과 제일 먼저 만나고 싶은 소망이 있기에 나의 일과는 새벽기도로부터 시작된다.
어느 가정이든지 어머니의 기도는 복의 근원인 것이다. 사랑하는 나의 가족들과 함께.

기도를 배워 지금도 하루도 거르지 않고 새벽기도를 드린다. 새벽 4시야말로 나의 하루 중에 가장 귀한 시간이다. 바로 하나님을 더욱 가까이 만나는 시간이기 때문이다.

이른 새벽 교회를 향하여 추운 겨울 꽁꽁 얼어붙은 도로를 달릴 때의 기분을 어떻게 표현해야 할까. 새벽을 가르면서 주님을 만나러 가는 그 기분을. 교회에 들어가서 무릎을 꿇고 앉으면 하나님의 음성이 들린다.

"종수야! 너 왔니?"

새벽기도 안 하면서 잘 살아가는 사람들을 보면 나는 부럽다. 그 대단한 용기가 말이다. 나는 새벽기도 시간을 줄이거나 소홀히 하면 손이 막 떨리는 것 같다. 모든 일들이 엉망으로 돼 가는 것 같은 기분이 든다.

의의 결과는 화평이요

어머니께서는 나에게 특별히 이사야 32장 17절 말씀을 주셨다.
"의의 공효는 화평이요 의의 결과는 영원한 평안과 안전이라"

어머니를 생각하면 언제나 기도하시고 성경 읽는 모습이 떠오른다. 내 자녀들은 할머니를 몹시 사랑한다. 영이 통하는 것을 믿는다. 큰딸 지선이는 할머니의 사진을 베개 아래에 넣고 잔다. 꿈속에서도 할머니를 만나겠다고. 아들 지석이는 자기 침대에서 같이 자자고 조른다.

아이들은 할머니와 함께 있는 시간을 몹시 좋아한다. 부모와 자녀가 하나되는 가정은 하나님을 모시는 가정이다. 하나님을 사랑

아이들은 할머니 사진을 베개 밑에 넣고 잘 정도로 할머니를 좋아한다. (왼쪽부터 둘째 지은, 막내 지석, 큰딸 지선)

하는 가정은 온 가족이 하나가 된다.

자녀들 앞에서 말씀으로 양육하고 실천하며 모범을 보이면 자연히 자녀와 하나될 수 있을 것이다. 어머니에게서 철저히 말씀으로 양육된 만큼 내 자녀들도 철저히 말씀으로 양육되기를 원한다. 내가 어머니께 기도를 부탁하듯이……

하나님 안에서 사는 가정, 그 가정이야말로 바로 부모와 자녀가 하나되는 가정이다.

내가 제일 갖고 싶었던 것은

나는 가난을 원망해 본 일은 없다. 버스값이 없어서 10리 길을 걸어서 학교에 도착하면 벌써 배가 고프기 시작했다. 그런 일은 다 참을 수 있었다. 가끔 버스값을 어머니가 주실 때도 있었는데 그래도 나는 걷는 쪽을 택했다. 버스값을 다시 모아서 어머니에게 드리고 싶어서……. 참을 수 있는 것은 모두 다 참았다. 그런데도 내가 제일 많이 갖고 싶었던 것은 새 학기마다 나오는 새 교과서였다.

아무도 펴본 적이 없는 새 책, 인쇄잉크 냄새가 나는 새 책이 그렇게 갖고 싶었다. 새 교복도 입어 봤으면, 새 모자도 써 봤으면 했지만 그래도 새 책이 제일 갖고 싶었다. 참고서를 사본다는 것은 생각해 보지도 못했다. 버스도 마음대로 타보지 못했으니까……

하나님께서는 어린 나를 그렇게 훈련시켜 주셨다. 그러나 나는 다른 친구들에게 없는 큰 재산이 있었다.

어머니의 새벽기도……

새벽마다 나의 머리에 손을 얹으시고 기도하시던 나의 어머니.

"이 아들 하나님께서 길러 주시고 간섭해 주세요."

우리 어머니는 위대하고 전능하신 하나님을 나에게 주셨다.

예수로 매일매일 부요하게 채워 주셨다. 정말 귀하고 값진 고난에 대해서 나는 전혀 부끄럽게 생각지 않는다.

가난했기에 주님을 만났고, 가난했기에 낮아질 수 있었다. 가난했기에 겸손할 수 있었다.

서울대 일등 졸업보다 남 섬기는 종의 도리를 다하고 싶다. 더욱 큰 소망은 예수님을 닮고 싶다.

하나님께서는 내 마음을 읽으셨다

하나님께서는 내가 원하는 것은 모두 주셨다. 하나님께서는 내 마음을 읽으셨다.

"종수야 내가 너를 축복하리라."

하나님께서 환자들을 많이 보내 주셨다. 미국 각 주에서 한국에 서 유럽에서도 환자들이 오고 있다. 그 때마다 나는 하나님 앞에 '하나님, 이 환자가 오게 된 이유는 저에게 돈을 벌게 해주는 것 이 아니고, 내가 의사로서 의무적으로 치료하는 게 아닙니다. 환 자를 한 번 볼 때마다 삼십 분 혹은 한 시간이 걸릴지라도 내가 그 사람들의 손을 잡고 하나님 앞에 복음을 증거하겠나이다.' 하 고 기도한다. 그 때마다 하나님께서 너무도 기뻐하시는 것 같다.

명예 바라는 의사들보다 환자들을 더 많이 보내 주시고, 돈만 바라는 의사들보다 더 벌게 해주신다.

왜냐하면 나의 이마에는 하나님이 원하시는 여호와의 이름이 적 혀 있기 때문이다. 자기 생활 속에 예수님의 사랑을 드러낸 사람 은 자기의 육이 예수님 앞에 사로잡힌 사람이다.

나의 영·혼·육이 예수님께 사로잡혔다면 나의 모든 삶은 하나 님께서 주장해 주신다. 이 세상에서 큰 자가 되기 원한다면 예수 님 앞에서 낮은 자가 되어야 한다. 내가 복을 받기보다는 나 때문 에 다른 사람이 복받기를 간구하여야 한다.

하나님께서 우리에게 넘치게 채워 주실 것이다. 주님 안에서 서 로 사랑하는 사람이 완성된 사람이다.

둘째누나 원종엽 목사와 미시간 골짜기에서.

우주 전문가이신 하나님

'하나님 오늘은 어떤 사람을 붙여 주시겠습니까? 성령님에 의하여 마음이 준비되고 성령님께서 마음을 부드럽게 해줄 사람을 알려 주십시오.'

나의 사명은 암환자들을 그리스도의 품으로 돌아오게 하는 것이다. 요즘은 말기 암환자들이 평안한 죽음을 맞을 수 있도록 기도원 시설을 준비 중에 있다. 그들이 비록 암에 걸렸지만 하나님을 만나 영원한 하늘나라에 가는 것을 기뻐할 수 있기를 간절히 기도한다. 그리고 신학공부도 하고 있다. 만약에 선교사로 부르심이 있다면 헌신할 각오를 하면서 의료 선교사로서 쓰임받고 싶은 것이 간절한 소망이다.

나는 창세기 12장 3절 말씀을 즐겨 묵상한다. "너를 축복하는 자에게는 내가 복을 내리고 너를 저주하는 자에게는 내가 저주하리니 땅의 모든 족속이 너를 인하여 복을 얻을 것이니라 하신지라"

하늘의 복을 모든 사람과 나누고 싶다. 참된 축복은 받는 것이 아니라, 나누는 것임을 알게 되었기 때문이다. 나누어 주고 섬기는 자가 참된 그리스도인이 아닐까.

하늘에 심었던 기도와 도움의 청원을 기억하시고 세밀히 간섭하시는 하나님이 온 우주의 전문가이심은 누구도 부인할 수 없을 것이다. 그리고 절대자이시기에 나는 그분 앞에 겸손히 무릎 꿇는 종의 모습이고 싶을 뿐이다.

어머니가 나를 위해 기도했듯이 나도 자녀를 위해 계속 기도드린다. 하나님과 이웃을 사랑하는 자녀가 되게 해달라고.

매일매일의 새벽을 마지막 시간으로 알고 새벽마다 온유한 자가 되게 해달라고 주님께 부탁드린다.

넘어지고 쓰러질 때마다 손잡아 일으켜 주시는 좋으신 주님, 그분만을 세상에서 제일 사랑한다. 내 자신이 커지고 알려지는 것보다 조용한 삶을, 하나님 영광 가리지 않는 삶을 살고 싶은 것이 나의 작은 소망이다. 하나님 앞에 서울대학을 수석으로 졸업한 원종수로 알려지기기보다 오직 하나님이 원하시는 삶을 사는 원종수로 기억되기를 원한다.

하나님께서는 의사고시 일등한 사람을, 암 전문의를 찾으시는 것이 아니라 겸손한 자를 찾으신다.

아침마다 가정예배로 가르침을 받으며 성장한 나도 이제는 가장으로서 가정예배를 인도하고 있다. 나도 어머니의 가르침대로 자녀들에게 말씀을 가르친다. 경건하고 엄숙한 분위기 속에서 아이들에게 하나님을 가르친다.

그리고 부모와 자녀가 하나되는 귀한 시간을 가진다. 나는 자녀들이 공부 잘하게 해달라, 세상에서 훌륭한 사람이 되게 해달라는 기도는 하지 않는다.

어머니가 우리를 위해 기도하셨듯이 나도 자녀를 위해 이렇게 기도드린다.

'하나님 내 자녀들이 겸손한 자가 되게 해주세요. 온유한 자가 되게 해주세요. 교만한 자가 되지 않게 해주세요. 이웃을 위해 희생하는 자가 되게 해주세요. 또 주 안에서 부모를 사랑하고 형제를 사랑하는 자가 되게 해주세요.' 하고 기도한다.

그리고 나는 아이들에게 사랑한다고 속삭여 준다. 볼에다 뽀뽀를 해주고 꼬옥 안아 주면서 귀중한 존재라는 것을 일깨워 준다.

아이들과 매일 가정예배를 드리는 일이야말로 그 어떤 말보다 효과가 있다. 다른 어떤 것으로도 다스릴 수 없는 결속력을 가지게 한다.

　서로 손잡고 기도하고 찬송하는 일이야말로 자녀와 부모가 하나
되는 가장 강력한 방법인 것이다. 우리가 자랄 때 어머니와 함께
드리던 가정예배를 이제 나의 아들 딸과 함께 드리는 일, 이 일이
우리 가정을 하나로 묶는 일이다.

2장
하나님을 우선하는 삶

흰눈이 쌓인 산골짜기에서

1951년 2월 8일(음력 정월 초엿새), 1·4 후퇴 당시 전쟁 중이라 나를 잉태해서 만삭이 되신 어머니를 부산까지 데리고 갈 수 없다고 판단하신 아버지가, 중공군이나 인민군은 잘 찾아올 수 없는 곳으로 어머니를 데리고 가신 곳에서 나는 태어났다. 그 곳은 산이 뺑 둘러싸인 깊은 산골마을, 충남 연기군 금남면 대평리에서 삼십 리는 걸어 들어가는 우뢰울에 있는 어머니의 외가였다.

네 살 터울로 딸만 셋이 나란히 있어서 어머니는 아들 낳기를 애타게 기다리셨다고 한다.

외할머니와 막내외삼촌 댁이신 숙모님, 그리고 외사촌 동진이형 등 일곱 식구를 커다란 CMC트럭에 호로를 씌워서 태우고 쌀과 콩, 미군용 씨레이션(비상식량)을 내려놓고 아버지는 기약도 없이 북쪽으로 떠나셨다.

중공군이 평택까지 밀려왔다는 소문을 듣고 동네에서는 수군댔고 아버지는 군인이라는 신분이 노출될까 봐 밤에 살짝 들어왔다 떠나셨다. 비상식량은 소달구지에 실어 날랐다.

큰누나의 말에 의하면 그 때부터 어머니는 아침저녁으로 누나들을 모아놓고 가정예배를 드리셨다고 한다.

낮이면 어머니는 방안에서 새로 태어날 아기 옷도 만드셨고 뜨게질도 하시다가 누나들을 모아놓고 성경 속에 나오는 여인들의 얘기, 삼손과 들릴라 이야기를 옛날 얘기처럼 들려 주셨다고 한다.

어머니는 젊었을 때 찬양을 잘 하셨다. 아침 일찍 깨워서 성경을 읽어 주시고 찬송하고 예배를 드렸다. 누나들 셋이서 산중턱에 있는 사랑채에서 아랫동네에다 대고 찬송을 크게 크게 불렀다.

예수 사랑 하심은 거룩하신 말일세
우리들은 약하나 예수 권세 많도다
날 사랑하심 날 사랑하심
날 사랑하심 성경에 써 있네

유난히 얼굴이 희고 예뻤던 둘째 누나는 빠진 이빨 사이로 말이 헛나와서 어머니께서 고쳐 주시기도 했다.

6·25 때 얻은 미군 담요를 가지고 만든 누나들의 옷은 추운 겨울 날씨를 막아 주는 데 큰 도움이 되었다. 내가 태어난 날은 며칠 전부터 눈이 내린 뒤라 아침해가 동녘에 막 떠오를 무렵 온 세상이 하얀 눈으로 뒤덮여 누나들은 눈이 부셔서 얼굴을 찡그리며 놀고 있었다. 아침예배를 드린 다음에 내가 태어났다.

원래 저혈압에다 서른네 살의 연세에 나를 낳으시느라고 어머니는 얼굴이 창백해지며 쓰러지셨다. 우뢰울 할아버지가 한의사를 모시고 오고 온 식구가 온통 놀랐다고 한다.

어머니는 외할머니가 "아들이다 아들! 아이고, 고추 달고 나왔구나." 하는 소리를 듣고 기절을 하셨다고 한다.

어머니 결혼식.

한참 후에 정신이 든 다음 어머니는 나를 싸서 안으시고 하나님
께 감사의 기도를 오래오래 드린 다음에야 첫 국밥을 드셨다.

사내 동생이 생긴 누나들은 문 밖에서 크게 더 크게 앞산에 메
아리 쳐서 들려오도록 찬송을 불렀다.

예수께서 오실 때에 그 귀중한 보배
하나라도 남김없이 다 찾으시리
샛별 같은 그 보배 면류관에 달려
반짝 반짝 빛나게 비치리로다

나의 첫돌 사진. 돌잔치 상에서 성경책과 연필을 잡았다고 어머니는 무척 좋아하셨다.

누나들은 목청을 높여 높여 찬송을 불렀다. 얼굴에는 기쁨이 넘쳤고, 어머니도 아들을 낳았다고 신이 나셨다. 누나들은 누가 물어보지 않아도 동네 이집 저집 다니면서 "우리 엄마가 아들 낳았다."고 소문내고 다녔다.

우뢰울외삼촌 할아버지는 대평리까지 걸어가셔서 공주 할아버지 댁에 전보를 치셨다.

쇠북 '종(鍾)'자에 빼어날 '수(秀)'를 쓰는 내 이름은 친할아버지가 지으신 것이다.

아버지는 원래 아들을 낳으면 종국이나 종철이라고 지으신다고 하셨으나 할아버지께서 종수라고 지어 호적에 올리셨다.

어머니의 아들 순산은 어머니를 아는 모든 분들의 숙제였다. 딸이 셋이나 됐으니 얼마나 나를 붙들고 기도를 했겠는가.

그해 봄 삼월에 중공군이 삼팔선을 넘어 후퇴할 무렵 아버지께서 우리를 데리러 오셨다. 나의 유아시절은 아들로 태어난 덕분에 외삼촌들을 비롯하여 모든 친척들의 기쁨과 희망의 대상이었다. 어머니에게도 물론 초조한 얼굴빛은 없어졌다.

그리고 첫돌은 대전에서 치러졌다. 돌잔치 상에서 성경책과 연필을 잡았다고 어머니는 좋아하셨다. 공부 잘할 것이라고…….

아버지는 춘천에 계셨지만 트럭에 식량과 옷들을 많이 싣고 자주 오셨다. 그 때는 우리 가정이 윤택한 시절이었다고 한다. 큰누나의 말에 의하면 그 시절에는 집에 일하는 사람이 둘이나 있었다고 한다.

우리 동네에는 많은 피난민들이 어렵게 살고 있었고 교회가 생기기 시작하였다. 어머니는 대전 성남감리교회에서 속장을 맡으셨고 교회 봉사에도 적극적이셨다.

김포공항에서 마중나온 큰누나와 김인숙 집사님과 함께.

살려 주시면 하나님의 일꾼으로

1954년 내가 세 돌이 지난 초여름에 부산 지역으로 아버지의 수송 부대가 이동되었다. 가끔 어머니가 나를 업고 부산까지 내려가실 때가 있었다. 어떤 때는 어머니 혼자 내려가실 때도 있었는데 그 때는 누나들이 나를 돌보아 주었다.

그해 가을에 아버지 부대에 사고가 생겨서 부득이 전역할 수밖에 없었다. 어머니는 아버지가 전쟁 중에 이북에서나 후생사업 중에 들여 놓았던 재산들을 그때그때 모두를 집에 두지 않으시고 교회에 헌물하셨다. 불의하게 모은 재산을 집에 두지 않고 교회를 통해 구제사업이든지 이웃들에게 나누어 주신 것이다.

막상 아버지가 전역하시고 1년은 그럭저럭 지낼 수 있었지만 시간이 갈수록 살기가 어려워져서 어느 날 아버지는 서울로 가셨다.

그후 어머니는 친구들과 피난민을 상대로 재봉틀을 가지고 옷도 만들고 고치시고 하면서 생계를 이어나가셨다. 성남동 우리 집은 꽤 넓은 편이었다. 어머니는 집 마당에 채소도 심고 닭과 토끼, 뒤꼍에는 돼지도 기르시고 콩나물도 길러서 파셨다.

주일날은 여전히 아침부터 저녁까지 교회에서 주일학교부터 장년부까지 봉사를 하셨다. 우리도 주일날은 하루종일 교회에서 살았다. 주로 큰누나가 나를 많이 업어 주었고 돌보아 주었다.

새벽에 어머니는 나를 업고 새벽기도에 가셨다. 추운 겨울에는 어머니 혼자 다녀오셔서 우리 4남매 머리 위에 손을 대고 기도해 주셨다.

쌀은 귀했고 배급 나오는 구호미(안남미)만을 먹고 지낼 때였다. 어느 날 뒷집에서 농사 지은 밀밥을 보내왔다. 구수한 맛에 누나들이 먹으면서 이제 네 살된 나에게도 밀밥을 먹였다. 그런데 그 밀밥이 원인이 되어서 나는 사경을 헤매게 되었다.

사흘간이나 대변을 못 보고 배가 부풀어 오르고 나는 아프다고 보챘으나 병원에 갈 생각도 못할 때였다. 어린 나는 지쳐서 눈도 제대로 뜨지 못하고 괴로워했기 때문에 어머니의 안타까움은 말로 할 수 없었다.

아랫집 옥순이 어머니는 소다를 물에 타서 먹이라고 했고 뒷집 순분네 집에서는 소금물을 먹이라고 했으나 어머니는 부풀은 내 배를 쓰다듬으며 기도만 하셨다.

사흘째가 지나서는 어머니도 겁이 나셨든지 윗마을 고모할머니 댁에 가서 병원에 갈 돈을 마련하셔서는 시내 대흥동 사거리에 제일 크고 용하다는 박외과에 데리고 가셨다. 응급실에 누운 나는 눈도 뜨지 못한 채 기진해 있었다. 아무것도 먹지 못하고 물만 먹어도 토해 버렸으니까.

의사가 진찰을 하더니 장이 꼬여서 빨리 수술을 하지 않으면 위험하다고 수술비를 준비해 오라고 했으나, 나를 그 곳에 눕혀 놓고 나오는 어머니는 막막했다. 소식도 없는 아버지를 원망도 해보았으나 우선 아들이 수술하다가 죽을 것 같은 생각에 그냥 문 밖을 걸어 나왔다.

6·25 전쟁 직후 육군 수송부대 중대장 시절의 아버지(맨 왼쪽).

하염없이 눈물을 흘리면서 어머니는 병원을 돌면서 걷기 시작하셨다. 그리고 입으로는 눈물 섞인 목소리로 간절하게 기도하셨다.

"하나님, 저 아들 수술을 하다가 죽을 것만 같습니다. 하나님께서 살려 주시면 꼭 하나님의 일꾼으로 만들겠습니다. 우리 아들 살려 주세요. 살려 주세요."

병원을 세 바퀴나 돌면서 계속 기도하셨다.

어머니는 수술을 하다 아들을 잃을 바에야 집으로 데리고 가서 기도하고 하나님께 맡기리라는 생각에 응급실에 들어가서 아기를

공주에서 네살 때의 나.

그냥 데리고 가겠다고 하니까, 의사 선생님은 그대로 두면 장이 꼬여서 대변을 못 보고 아이를 잃게 될 것이니 알아서 하라고 아기를 들처업은 어머니의 등 뒤에다 한마디했다.

'부지런히 업고 삼성동 굴다리 옆 김약국에 가서 한약 한 첩 지어가지고 가서 달여 먹이리라.' 하면서 눈물이 앞을 가려도 계속 기도하셨다.

'하나님 이 아들 살려 주세요. 살려 주신다면 이 아이를 주의 종으로 만들겠습니다. 아버지 살려 주세요.'

등에 업힌 나는 소리도 없이 늘어져 버렸다.

이미 목사님도 와 계셨고 장로님도 오셔서 예배를 드리고 있었다. 집에 도착하자마자 어머니는 약을 불에 올려 놓고 나를 목사님 앞에 누이고는 찬송을 부르기 시작했다.

예수님은 누구신가 우는 자의 위로와 없는 자의 풍성이며
천한 자의 높음과 잡힌 자의 놓임되고 우리 기쁨 되시네

예수님은 누구신가 약한 자의 강함과 눈먼 자의 빛이시며
병든 자의 고침과 죽은 자의 부활되고 우리 생명 되시네

나는 여전히 축 늘어져 있었고, 부엌에서는 약 끓는 냄새가 나
고 있었다.

찬송가 3절이 시작되었다.

눈먼 자의 빛이시며 병든 자의 고침과
죽은 자의 부활되고 우리 생명 되시네

그때 나는 갑자기 눈을 뜨고 "엄마, 응아 할래." 하고 몸을 움직
였다.

어머니는 아기가 공연히 그러나 보다 하고 생각하였다. 부뚜막
쪽에 가서 앉히고 끓는 약 뚜껑을 열어 보는 동안 나는 설사를 좍
하고 해버렸다.

어머니는 너무 기뻐서 "우리 종수 살았다."고 소리치셨다. 그후
나는 죽을 먹고 비실비실 마당에 나가 걷기 시작했다.

예배드리던 목사님과 장로님, 모두들 감사의 눈물을 흘리셨다.
그 일이 있은 후 나는 자주 두드러기가 일어나서 어머니의 마음을
아프게 했다.

그리고 그때 수술을 받지 않았기 때문에 자주 탈장 증세를 일으

켜서 앓아 눕곤 하였다. 어머니는 그 때마다 나를 등에 업고 교회
에 데리고 가서 눈물로 살려 달라고 기도하셨다.

예수께서 오실 때에 그 귀하신 보배

　나의 어린 시절은 찬송과 기도 속에서 성장했다.

　다섯 살이 되던 해에 교회에서 운영하는 유치원에 다녔다. 아침에 어머니는 나를 교회 유치원에 데리고 가서 어머니는 그 곳에서 바느질을 하시고 교회 봉사도 하셨다.

　어머니가 나를 위해서는 미꾸라지나 붕어를 고아 먹이고 또 콩을 갈아 먹이시는 등, 없는 중에도 영양보충을 시키려고 노력하셨다.

　성남천 냇가에 밭을 일구어 배추와 무도 심으셨다. 가끔 나는 둑에 앉아서 어머니의 일하시는 모습을 지켜 보고 앉아 있기를 좋아했다.

　큰누나는 어디를 가든지 나를 데리고 다녔다. 추운 겨울 홍두동 고개 얼어붙은 길에 넘어져서 입술 밑이 찢어져 피가 홍건히 쏟아졌다. 누나는 나를 들처업고 다리 건너 삼성동의 인성의원에 가서 마취도 않은 채 네 바늘이나 꿰맸다.

　그 때도 나는 울지 않고 잘 참는다고 의사 선생님이 무척이나 기특해 하셨다.

　반창고 붙인 내 입술 때문에 어머니가 걱정하실까 봐서 큰누나는 나를 업고 해가 질 때까지 서성거렸고 나는 누나 등 위에서 잠이 들었다.

　누나는 겁이 나서 눈이 퉁퉁 붓도록 울었다.

　그 때도 어머니는 누나들이 학교에 가기 전에 성경 읽히고 예배

드리고 아침식사를 하고 학교에 보냈고, 저녁에도 잠자기 전에 예배를 드렸다. 가정 예배 때마다 돌아가면서 기도를 시키셨고, 그 때 우리에게 찬송을 많이 가르치셨다.

예수께로 가면 나는 기뻐요 걱정 근심 없고 정말 즐거워
예수께로 가면 나는 기뻐요 나와 같은 아이 부르셨어요
예수께로 가면 맞아 주시고 나를 사랑하사 용서하셔요
예수께로 가면 나는 기뻐요 나와 같은 아이 부르셨어요
예수께로 가면 손을 붙잡고 어디서나 나를 인도하셔요
예수께로 가면 나는 기뻐요 나와 같은 아이 부르셨어요

어머니는 이 찬송을 외우게 하셨다.

예수께서 오실 때에 그 귀중한 보배
하나라도 남기없이 다 찾으시리
샛별 같은 그 보배 면류관에 달려
반짝반짝 빛나게 비치리로다

어머니는 율동을 하시면서 이 찬송을 가르치셨다.
어머니는 주일날 주일학교 반사, 성가대, 장년예배에서 봉사하시고 하루종일 우리는 교회에서 지냈다. 저녁예배까지 다 마치고

집에 오면 자기 전에 기도하게 하시고 잠자리에 들었다.

저녁예배는 어머니께서 먼저 찬송으로 시작하였다.

주여 햇빛 저무니 저녁기도 합니다……

지금 찬송가에는 우리들이 어려서 어머니에게서 배웠던 찬송가들이 없는 것이 많이 있다.

그때 우리는 라디오도 없었던 것으로 기억된다. 오직 우리의 고정 채널인 어머니를 통해서 예수님만 배웠고 알려 주시고 소유하게 하셨다.

1957년 내가 국민학교에 입학하던 해에 서울에 계시던 아버지는 몹시 수척해지셔서 대전에 오셨다가 몇 달 후에 다시 올라가시고는 하셨다.

그해 겨울에 어머니가 또 병이 나셔서 도립병원에서 큰 수술을 받으셨다. 그 때는 아버지가 내려오셔서 어머니 곁에 계셨다. 어머니는 몹시 약해지셨고 집안은 점점 더 어려워졌다. 윗방에 옥수수 가루나 우유 가루를 배급 타서 갖다 놓으셨던 것이 기억된다.

우유 가루나 옥수수 가루를 섞어서 빵을 많이 만들어 먹었다. 가끔 아버지가 들르셨지만 돈을 갖고 오시지는 않았다.

아버지의 초췌한 모습, 수염도 깎지 않고 계시던 모습, 그리고 어머니에게 몹시 짜증을 내시던 것이 생각난다. 집도 안채는 세를 놓아서 우리는 사랑채에 살게 되었다.

1958년 봄부터 아버지는 병색이 완연하셨고 신경질을 몹시 부리셨다. 어머니는 바느질하러 다니셨다. 누나들도 아버지가 무서워서 꼼짝도 못하고 밖에서 빙빙 돌았다. 우리들은 차라리 서울로 가셨으면 좋겠다고 생각했다.

내가 어머니에게 물었다.

"엄마."

"왜 그러니."

"왜 아버지는 화낼 생각만 하세요?"

어머니는 말없이 한숨만 쉬셨다.

저녁에는 수제비 먹는 날이 많았다. 누나들도 도시락을 제대로 못 싸가지고 학교에 갔다.

아버지는 몸이 몹시 야위시고 머리가 깨질 것처럼 아파하셨다. 고모할머니께 도움을 받아서 도립병원에서 진찰을 받으니 뇌에 이상이 있다고 했고, 날이 갈수록 아버지의 고통이 심했다. 병명은 뇌막염이셨다.

지금 같으면 얼마든지 고칠 수 있는 병이었는데, 거기에 합병증까지 생겨 아버지는 회복하지 못하셨고, 1958년 공주 할아버지 댁에서 운명하셨다.

지금도 내 마음이 아픈 것은 아랫목에서 아버지가 머리 아프셔서 신음하시는 것을 보면서, 나는 윗쪽에 앉아서 '아버지는 왜 저렇게 아프실까.' 하고 구경만 하였던 기억이다.

아버지가 돌아가시고 우리는 형무소 뒤의 중촌동으로 이사를 갔다. 방 한 칸에 현관, 부엌이 전부였다. 전쟁 미망인들만 모여 사는 동네로 거의 70~80여 가구가 살았다.

국민학교 4학년 때.

아버지가 돌아가신 다음 둘째 누나가 집을 뛰쳐나가 나쁜 친구들과 어울렸다. 무서웠던 아버지가 돌아가시고 나니 자기 세상처럼 방황하였다.

그 무렵에 나는 선화국민학교로 입학을 했고 어머니는 선화동에 있는 호의 집에 다니시면서 수도 놓고 바느질도 해서 생계를 이어갔다. 호의 집이란 곳은 선교사(라 에스더)가 운영하던 곳인데 전쟁미망인을 위해서 일하는 집이었다. 아침에 어머니하고 같이 학교에 갔다가 끝나면 어머니가 일하는 호의 집에 가서 어머니를 기다렸다가 중촌동까지 어머니와 같이 걸어서 돌아왔다.

또 저녁에는 시내 탁아소에서 그 곳에 맡겨진 어린 아기들을 집에 데리고 와 재워서 아침에 데려다 주는 일도 하셨다. 그때 어머니는 집안 형편도 어려웠으나 불쌍한 어린 아기들을 사랑으로 길러 주고 싶었고, 무엇인가 사랑으로 심으면서 하나님께 자녀들을 부탁하셨다.

그때 그 아기 이름은 선둥이였다. 밤에 어머니가 아기를 내 곁에 두고 철야기도를 가시면 나와 누나가 기저귀도 갈아 주고 우유도 먹이면서 돌보아야 했다.

그 동네는 물이 귀했다. 많은 가구에 많은 사람들이 사는 산동네에 우물은 하나밖에 없어서 물이 언제나 모자랐다. 어머니는 새벽기도 가시기 전에 물을 길어서 항아리에 가득 채우셨다. 대부분 어머니들이 낮에는 모두 일을 가시기 때문에 낮에는 오히려 우물물이 고였다.

그렇게 밖으로 돌아다니던 둘째 누나는 가끔 낮에 들어와서 항아리에 물을 가득히 채워놓고 더운 물을 데워서 나를 씻겨 주고 빨래도 해놓고 집안을 깨끗이 청소해 놓고는 다시 나가 버렸다. 친구네 집에 간다면서……

그런 날 저녁 예배 때 부르는 어머니의 찬송이다.

돌아와 돌아와 맘이 곤한 이여
길이 참 어둡고 매우 험악하니
집을 나간 자여 어서 와 돌아와

어서 와 돌아오라

돌아와 돌아와 해가 질 때까지

기다리고 계신 우리 아버지께

집을 나간 자여 어서 와 돌아와

어서 와 돌아오라

돌아와 돌아와 집에 돌아오라

모든 것 풍성한 아버지 집으로……

그 찬송을 부르면서 눈물을 흘리시던 어머니의 모습이 아직도

1980년 내가 한국에 방문했을 때 선둥이(혜숙), 큰누나, 작은누나와 함께.

생생하다. 아침에 어머니가 일찍 집을 나가실 때는 부엌과 방 사이에 있는 찬장에 내가 먹을 밥과 반찬을 넣어 놓고 가셨다. 학교에서 내가 먼저 오는 날은 거기서 밥을 꺼내 먹을 수 있도록…….

그때 나는 어린 마음에도 어머니 속을 안 상하게 하려는 생각으로만 지냈다. 저녁 늦게 오실 때는 집 앞 언덕에서 어머니가 오시는 것을 내려다보고 기다리곤 했다. 형무소 벽돌담 길로 멀리 어머니가 오시는 것이 보이면 나는 신작로까지 한달음에 뛰어가서 어머니의 치맛자락을 붙들고 같이 집에 돌아왔다.

그 먼길을 어머니는 어린 아기 선둥이를 업고 걸으셨다. 저녁예배드릴 때는 선둥이를 꼭 껴안고 예배를 드렸다.

그 무렵 나는 무엇인가 잘못 먹으면 두드러기가 몹시 심해서 어머니의 근심이 되었다. 병원에는 물론 가보지도 못하고 소금물에 씻든지 시골 화장실 초가지붕의 짚풀을 구해서 태워서 문지르곤 하였다. 한번 두드러기가 시작되면 사흘 동안 지속되었다.

얼굴이 콩 볶아 놓은 것처럼 두들두들하고 눈도 빨갛게 충혈되었다. 그런 나를 어머니는 끌어안고 기도하시면서 "차라리 내가 아팠으면 좋겠다. 종수야." 하시면서 눈물을 흘리셨다.

그래도 나는 내 기억에 한번도 어머니를 보채거나 조르거나 하지 않았다. 어머니가 안 된다는 것은 안 되는 것이고 어머니가 된다는 것은 되는 것으로, 어머니 말씀에 절대적으로 순종하려고 애를 썼다.

지금도 어머니는 내가 어머니의 말을 거역하는 일이 없었다고 가끔 말씀하신다.

성화장 미망인촌에서도 내 또래의 친구들이 많았다. 가끔 아랫동네 아이들과 싸움이 벌어지면 과부 아이들만 무조건 나쁜 놈이 되었다. "애비 없는 후레아들놈아."라고 하든지 어른들까지도 우리만 나무랐다.

우리는 그 애들의 아버지만 나타나면 죄인처럼 풀이 죽었다. 그런 날 어머니는 우리에게 하나님 아버지는 영원하신 분이라고 감싸 주셨다.

어머니는 밤에도 잠을 안 주무시고 우물물을 지게로 길어다 항아리에 채우시고 선둥이 기저귀를 빨으시고 옥수수 가루로 빵을 만들어서 우리의 간식을 준비해 주셨다.

학교 앞에서 큰누나와 함께.

어머니가 다니시던 십리 길 새벽기도

밤늦게까지 어머니는 바느질을 하셨다. 호의 집에서 어머니는 냅킨과 식탁보 같은 무명천에 수를 놓으셨다. 일은 하는 대로 품삯이 계산되기 때문이다. 그런 제품들은 미국의 교회에 보내지면 선교비가 한국으로 들어와서 고아와 전쟁 미망인들을 돕는 기관의 운영비로 쓰여졌다.

고아와 버려진 아이들은 사회관에서 미국식으로 길러졌다. 그 어린애들에게 양부모를 연결해서 그들에게 어머니의 사랑을 느끼도록 배려해 주기도 했다.

호의 집도 그런 기관이었다. 호의 집을 운영하시던 최 선생님은 공주 영명학교 시절에 어머니의 은사 선생님이셨다.

과부들만 모여 있는 곳엔 질투도 많았고 암투도 많았다. 어디를 가나 우리 어머니는 부지런하셨고 솜씨도 좋았다.

나는 학교가 끝나면 호의 집으로 어머니를 만나러 갔다. 먼저 어머니의 얼굴을 본 다음 옆에서 학교 숙제도 했고 아이들과 뛰어 놀기도 했다. 같은 또래 윤범이하고 매일 같이 다녔다. 그 친구는 외아들이어서 나보다 연필이나 공책도 좋은 것으로 가지고 다녔고 신발도 새 운동화를 신고 다녔다. 윤범이는 딱지치기도 제일 잘 했고 몸집도 크고 해서 싸움도 잘했다. 윤범이 어머니는 이북 사람이었는데 돈도 잘 모아서 호의 집에서 이자돈을 놓기도 했다.

여유가 있는 집은 대개 군경 원호 가족들이었다. 국가에서 보상금을 주기 때문에 월사금을 안 내도 됐고 또 배급도 많이 주었다.

자녀들이 고등학교만 졸업하면 은행이나 관공서에도 취직이 잘됐다.

가끔 어머니는 혼잣말로 아버지를 원망했다. "이렇게 일찍 가려면 전쟁 때 전사해서 아이들이 유가족 대우라도 받도록 앞길이나 열어 주지……."

가끔 한숨을 쉬면서 하시는 말이었다. 얼마나 힘드셨으면 그러셨을까.

호의집에서 일하던 시절의 어머니.

어머니는 작은 몸집을 가지고 부지런히 일을 하셨다. 새벽에는 3시쯤 일어나셔서 부엌에서 찬물로 머리 감고 몸 씻으시고 새벽기도를 가셨다. 형무소 뒤 중촌동 산언덕에서 성남동까지…….

나는 엄마가 오시기 전에 선둥이가 깨어서 울면 기저귀도 갈아 주고 우유도 먹였는데 그러고도 이유 없이 울면 겁이 무척 났다. 그래도 나는 한번도 어머니에게 불평한 적이 없다. 불평스러운 마음을 가져본 적이 없다. 짜증을 내고 싶은 마음도 없었다.

선화국민학교 1학년부터 4, 5, 6학년을 줄곧 일등을 했다. 그당시 우리는 꼭 교복과 모자를 착용해야 했었다. 흰 칼라를 꼭 달고 다녔는데 나의 옷은 비록 낡고 닳아서 소매 끝과 앞단추 끝이반질반질 했었지만 흰 칼라는 어머니가 매일 매일 갈아 주어서 언제나 깨끗했다.

나는 새 운동화가 제일 신고 싶었다. 다른 아이들처럼 앞에 흰끈이 달린 운동화를 신고 싶었다.

호의 집에서 걸어오다 KBS 대전 방송국을 지나서 한참 걸으면대전 형무소가 있었다. 그 빨간 벽돌담을 끼고 오면 중촌동 산 언덕에 성화장(미망인들이 사는 곳)을 넘어가면 철도길이 있고 유천동 큰 냇가가 있는데 내가 어렸을 때는 물이 많이 흘렀다. 가끔새벽에 큰 냇가에 가서 큰 빨래를 해서 널어 놓으면 빨래를 지켜야 했다. 냇가에서 그물을 만들어서 새끼 붕어나 미꾸라지를 잡아서 담아 놓거나, 물 웅덩이를 파서 그 곳에 가둬놓고 물이 깊은가운데 가서 하루종일 멱감고 노느라고 시간 가는 줄을 몰랐다. 그러노라면 점심은 언제나 굶고 지냈다. 방학 때면 우리는 유천동냇가에서 잠자리를 잡거나 미꾸라지를 잡고 놀았다. 잡은 물고기를 나무 꼬챙이에 꿰어 가루를 묻혀서 기름에 튀겨 주시면 그렇게맛이 있을 수가 없었다. 그것은 우리에게 큰 영양공급을 해주었다.

어머니는 가끔 호의 집에서 우유 가루와 옥수수 가루를 배급 타

오셔서 빵을 맛있게 만들어 주셨다. 내가 수영을 배우게 된 것도 그때 유천 냇가에서였다.

때때로 아랫동네 아이들이 시비를 걸어와서 잡아 놓은 물고기를 빼앗아 가고 잠자리와 메뚜기를 낚아채어 가도, 우리는 반항하지 못하고 빼앗겨 버렸다.

내 얼굴은 깜둥이처럼 새까맣게 그을려서 누나들이 아프리카 토인이라고 놀렸다. 그렇지 않으면 딱지치기를 했고, 땅따먹기나 숨바꼭질이 우리들의 유일한 오락이었다.

그 때도 탈장증세와 두드러기가 번갈아가면서 나를 괴롭혔다. 어머니가 걱정하실까봐 웬만큼 아프지 않으면 아프다는 말을 하지 않으려고 노력했다.

1960년 봄부터 어머니에게 새로운 직장이 생겼다. 감리교 목사님 세 분의 추천을 받아 기독사회관과 호의 집을 돌보아 주시던 라 에스더 선교사의 사택에서 일하시게 된 것이다. 지원하는 사람들이 많았는데 그중에 어머니가 뽑힌 것이다. 선화국민학교 5학년 때의 일이다.

우리에게는 방이 두 개가 있고 목욕탕과 화장실도 현대식으로 되어 있는 넓은 집이 주어졌다. 개도 길렀고 마당을 지나서 쪽문을 거치면 하지스 목사님 댁과 연결되었는데 스테비와 데니 형제도 나와 잘 놀았다. 우리는 학교가 끝나면 스테비네 마당에서 자주 놀았다. 어느 날 우리 집에서 고추장에 밥 비벼 먹는 것을 본

라 에스더 선교사(가운데)와 이준용 목사, 김지길 목사님과.

스테비가 같이 먹어보고는 입이 뜨겁다고 펄펄 뛰면서 어쩔 줄을 몰라하던 기억이 새롭다.

중촌동 과부촌 아이들과는 학교에서만 만났을 뿐 나에게는 스테비와 데니 형제 등 새 친구가 생겼다. 어머니는 아침부터 선교사 댁에 들어가시면 저녁까지 바쁘게 일을 하셨다. 어머니가 주로 일하시던 부엌 큰 창문과 내가 공부하던 책상 앞 창문과 마주 바라보였는데, 어머니는 선교사 댁에서 일을 하시고 나는 그 책상에 앉아서 열심히 공부하는 모습을 어머니께 보여 드렸다. 그 책상은

하지스 선교사 자녀인 스테비와 데니(맨 왼쪽이 나).

아버지께서 군에 계실 때 가져다 주신 철책상인데, 방을 거의 차지하는 육중한 책상에 앉아서 공부하는 것이 너무 좋았다. 셋째 누나는 대전여중에, 둘째 누나는 호수돈여고에 진학해서 아침에 학생이 셋이나 나가면 어머니는 온종일 선교사를 찾아드는 손님들을 상대해야 했고 음식도 만드셨고 시장도 다니셨다.

선둥이(혜숙)도 벌써 네 살이 되었는데 어머니를 몹시 따라서 어머니께서 딸처럼 기르기로 하시고 계속 데리고 살았다. 혜숙이는 나를 '오빠 오빠' 하면서 무척 따랐다. 큰누나는 육군 군의학교에 가서 교육을 받고 나와서 간호장교가 되었다. 63육군병원에 근무할 때였다. 누나가 집에 올 때는 언제나 건빵을 갖고 왔다. 그래서 누나가 오는 날을 손꼽아 기다렸다. 그렇게 일이 많은 선교사 집에서도 어머니는 새벽기도를 성남동으로 다니셨다. 그리고 어머니는 새벽마다 우리의 머리에 손을 대고 하나하나 짚으면서 기도해 주셨다. 하나님께서 지혜 있는 아들과 딸로 길러 주시라고.

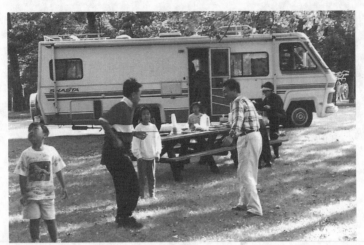

아이들과 시간만 나면 근처 공원을 즐겨 찾는다.

갈수록 더하는 어려움

미국 남부 어느 감리교회에서 허버트 선교사를 통해서 우리에게 장학금으로 20불씩을 주셨다. 셋째 누나가 그 형편에 피아노를 몹시 치고 싶어 해서 어머니가 그 돈으로 선화동에 있는 어느 개인 피아노 교습소에 보내셨다. 셋째 누나는 중학교 1학년 때부터 피아노를 치기 시작했다.

어머니는 고된 육체노동을 했지만 우리는 훨씬 나아진 형편이 되었다. 월요일에는 빨래를 돕는 속장님이 오셨고 허버트 선교사의 개인비서이자 한국어 선생님이신 길명주 선생님도 같이 일을 했다.

길명주 선생님은 우리 교회 주일학교 선생님이셨다. 모처럼만에 넉넉하지는 않지만 생활의 안정은 되었다. 밤늦게까지 일을 하시던 어머니는 나와 창을 통해서 서로 바라보며 미소를 지을 때 피곤을 잊어 버리신다고 말씀하셨다. 나는 어떻게 하든지 어머니를 도와 드리려고 어머니 주변을 살폈다. 그리고 가끔 생선이나 고기 기름덩어리 찌개맛을 볼 수 있었다.

내가 선화국민학교 졸업 때가 되어 담임선생님이 어머니를 학교에 오시라고 했다. 성적은 내가 전교 일등인데, 안타깝지만 최우수상은 부득이 사친회장 아들에게 양보해 달라고 어머니께 간절히 부탁하는 담임선생님 청에 못 이겨 어머니는 양보하고 말았다. 학교문을 나서면서 어머니는 눈물을 흘리셨다. 어머니가 상을 양보할 수 있었던 것은 '당신 아이들이 세상의 우등생이라면 내 아들

대구 육군병원에서 큰누나와 함께.

은 하늘나라의 최우등생이 될 것이다.'라는 믿음 때문이었다.

그후 나는 충남에서 제일 명문이라는 대전중학교에 1963년에 좋은 성적으로 들어갔다. 그 때까지도 나는 가끔 탈장증세가 있어서 자주 고생을 했다. 큰누나는 제1육군병원 간호장교 육군 중위로 근무했다.

1964년 여름방학에 큰누나에게 가서 육군병원 외과 의사였던 이승도 대위님께 탈장수술을 받았다. 큰누나가 정성껏 보살펴 주셨다. 일주일 후에 퇴원했고, 그 후로부터는 탈장으로 고통받는 일은 없었다. 육군병원의 군의관들이 나를 보고 어린 학생이 어쩌면 그렇게 잘 참느냐고 말하더라고 큰누나가 말해 주었다. 큰누나는 지금이나 옛날이나 나를 무척 사랑해 주었다. 나를 위해서라면 누나들과 어머니는 자기들의 간이라도 빼어 줄 수 있는 사람들이라고 생각하면서 자랐다.

1966년 1월에 집안이 어려운 가운데서도 나는 대전고등학교에 입학시험을 치르고 좋은 성적으로 들어갔다. 교복은 빛바랜 것으로 교회의 어느 형에게 물려 입었고, 모자도 낡은 것으로 물려 받았다.

어머니가 근무하셨던 선교사님 댁.

역 앞 헌구두 가게에서 군대에서 나온 워카를 검은색으로 물들여서 신었는데 하나 가지고 1년을 신어도 떨어지지 않아서 좋았다. 배가 고프고 허기질 때는 가벼운 운동화 좀 신고 싶은 생각도 많았지만 어머니께는 웃으면서 "엄마 이 워카는 물이 새지 않아서 좋아요." 하고 그것도 하나님께 감사했다.

초여름에 어머니를 제일 사랑해 주시던 허버트 선교사님이 미국으로 들어가셨다. 후임으로 부에도 선교사님이 오셨는데 그는 부잣집 딸이었고 구호물품을 꽤 많이 가져왔다. 젊고 뚱뚱한 선교사였는데 나이 많은 라 에스더 선교사님과도 별로 사이가 좋지 않았다. 공연히 어머니를 괴롭히기도 했다. 그런데 하루는 자기의 물품이 없어졌다고 소동을 벌였다.

부에도 선교사는 주위 사람들에게 많은 옷들을 나누어 주면서 우리 어머니에게만은 주지 않았다. 유독히 멋쟁이였던 둘째 누나 (71년도에 교통사고로 사망)가 화가 나서 몇 벌 갖다 입고 했던 모양이다. 가뜩이나 어머니를 싫어하던 부에도 선교사는 그것을 큰 문제 삼고 감리교 제단의 목사님들에게 보고를 했다. 어머니는 설마 내 자식이 그럴 수가 있을까 하는 허탈감에서 너무 쇠약해지 셨다.

가뜩이나 선교사님들이 어머니를 너무 잘 돌보아 주시고 사랑을 많이 해주었기 때문에 주위에서 시샘이 많았다. 모함하고 시기하 는 것은 예나 지금이나 똑같다. 어머니의 기도는 길어지셨고 밤에 교회에서 철야하는 때가 많아지셨다.

어느 날 어머니는 결정하셨다. "종수야 이 직장을 그만두어야겠 구나." 절망적인 말씀이셨다.

라 에스더 선교사께서 성남동에 사주셨던 집이 있었지만 모두 세들어 있어서 집이 있다고 하나 막상 갈 데도 없었다. 거기에 설 상가상으로 라 에스더 선교사님이 노쇠해서 귀국하셨으므로 더욱 더 어머니를 감싸 주는 사람이 없었다. 가뜩이나 트집을 잡고 어 머니를 시기하는 사람들이 많았는데 라 에스더 선교사까지 귀국해 버리셨으니.

어느 날 선교사 회장인 테일러 씨가 오셔서 다음 달 말까지 집을 비우라면서 안 됐다고 하셨다. 둘째 누나는 어디로 갔는지 소식도 없었고, 1966년 초여름에 성남동 대청마루로 이사했다. 집은 나의 이름으로 되어 있으나 우리가 기거할 곳은 대청마루밖에 없었다. 거의 쓰러져가는 마루기둥, 지붕도 헐었고 마루의 창문은 덜컹덜컹 모두 짝이 맞지 않았다. 비가 오면 천장에서 후두두둑하고 빗물이 떨어졌다. 선둥이도 갈 데가 없어서 어머니가 데리고 있기로 했다. 엄마 치마 꼬리만 잡고 따라다니는 불쌍한 아이였다.

　나는 그 때부터 여기저기 아르바이트 자리를 알아보았다. 그래서 시내에 있는 음식점집 아들에게 과외지도를 해서 밥이라도 실컷 먹을 수가 있었다. 그래도 고생하시는 어머니가 불쌍해서 하얀 쌀밥을 먹을 때마다 목이 메었다. 그 때도 우리 가족은 모여서 기도하고 예배드리고 친척들이 눈치를 못 채도록 하셨다. 늙으신 외할머니가 공주에 살아 계시기 때문에 혹시 할머니가 아시고 걱정하실까 봐 어머니는 공주에도 잘 가지도 못하게 하셨다. 겨울이 닥쳐왔을 때는 앞이 난감했다.

　어떻게 살까, 무엇을 먹을까.

1972년 부산에서 큰누나와 함께.

하나님과 씨름이라도 해보고 싶었습니다

작은누나는 유난히 추위를 탔다. 어떻게 중고 피아노를 구입해서 피아노 레슨을 하면서 생활비를 보탰고, 그 때부터 어머니는 포도 장사도 하고 쌀 장사도 하고 안 해본 것 없이 다 하셨다.

모질지 못한 어머니는 그 성품 때문에 언제나 손해보는 쪽을 택했다. 큰누나는 결혼해서 서울에 살고 있었으나 큰누나네 역시 가난했다. 여름에 큰누나네 집에 한번 갔었으나 실망하고 돌아왔다. 누나도 시집살이에 힘들어 하고 있었고, 가끔 대전에 내려오면 우리가 사는 모습을 보고 눈물과 한숨만 짓고 돌아갔다. 우리 가족이 제일 힘들었던 것은 1966년과 1967년 겨울이었다.

얼마 후 옆의 제일 큰 방으로 이사가게 되었다. 방은 크지만 아궁이가 부서져서 방이 온통 냉방이었다. 불을 때면 사람 하나 앉을 자리만 따뜻했고 윗목은 시베리아 같았다. 그 곳에 나의 책상이 있었다.

그 때부터 나는 주말이나 집에 오면 집 주위를 정리하고 아르바이트해서 번 돈을 어머니께 드리면 어머니는 그렇게 마음 아파하셨다.

내가 어머니에게 드릴 수 있는 말은 "어머니 조금만 더 고생하세요. 제가 다음에 돈 많이 벌어서 쌀밥도 실컷 해드리고 고기도 많이 사드릴게요. 조금만 기다리세요."였다.

그때 나의 제일 큰 소망은 우리 어머니 어떻게 하면 편히 모실 수 있을까, 빨리 어른이 되어서 돈 많이 벌어 어머니 좀 편히 모

중학교 2학년 때.

시는 것이 나의 소원이었다.

집이 어려우니 나도 아르바이트를 해야 했다. 누군가가 소개해 주어서 입주하게 된 아르바이트 할 집은 대전 선화로 사거리에 있는 보신탕집이었다. 그 집 학생을 식당방 한구석에서 공부를 가르쳤는데 공부 도중에 손님이 밀려들면 다른 데로 옮기라고 하고, 자리가 없으면 나갔다 오라고도 했다.

그리고 한여름에 밥을 주는데 아침에도 보신탕, 점심에도 보신탕, 저녁에도 보신탕, 세 끼를 서너 달 동안 보신탕만 먹었다. 어린 마음에 남의 집 눈치보면서 세 끼를 보신탕만 먹으니까 몸에서도 냄새가 나는 것 같았다.

그러던 어느 날 장출혈을 하게 되었다. 지금 생각해 보니 아마 결핵이 그 때부터 시작되었던 것 같다. 장출혈이 심했다.

어머니도 선교사댁을 그만두게 되었고 선교사가 사주신 우리 집은 모두 세를 내어 주고 마루방 한 칸을 사용했는데, 천장이 뚫어져서 별이 보였고 마룻바닥은 틈이 벌어져서 바람이 솔솔 들어왔다.

찬바람은 불고 낙엽은 떨어지고 어느덧 눈발도 내리는 날에 어머니께 갔다. 아르바이트가 너무너무 힘들어서 "어머니 내 몸이 너무 허약해요. 대변을 보면 하혈을 하고 기침이 심하고 밤에 자다 보면 식은땀이 줄줄 흐르고……."

어머니께서 깜짝 놀라 눈물을 글썽이면서 "종수야 이젠 죽어도 같이 죽자. 집으로 돌아오너라." 하고 말씀하셨다. 그러나 그때 "아르바이트를 그만두면 학비도 없었고 끼니도 어려운 처지인데." 하고 내가 걱정을 하니까 어머니께서 손을 붙들고 기도하시더니 죽어도 같이 죽자 기도하다 같이 죽자 하셨다. 그래서 아르바이트를 중간에 그만두었다. 그 이후로는 보신탕은 입에 대지도 않는다.

1967년 11월 말경 첫눈이 오고 첫 얼음이 얼기 시작했다. 날씨가 얼마나 추운지 방에 물을 떠놓으면 그냥 얼어버렸다. 냉골 바닥에 조그만 화로 같은 데 불을 피워 가운데 놓고 저녁도 굶은 채로 담요를 둘러쓰고 누워 있는데, 잘 아시는 전도사님이 갑자기 우리 집에 찾아오셨다. 들어오셔서 우리의 상황을 보시더니 "이제 죽더라도 예배드리고 죽읍시다." 하셨다. 그리고 가족들의 손을 잡고 예배를 드렸다.

예배 도중에 전도사님이 하는 소리가 "하늘나라는 성령 받아야

갑니다."고 말을 했다. 예배드리는 동안은 궁금했지만 참고 있다가 예배가 끝난 후에 전도사님께 물었다. 전도사님의 손을 잡은 채로.

"성령을 받았는지 안 받았는지 어떻게 아십니까?"

나는 그때 꼭 천당에 가고 싶었다. 왜? 우리가 이 세상에서는 이렇게 살고 있지만 영원한 세계는 다른 사람들에게서 소외받지도, 다른 사람에게 손가락질 받지도 않는다고 했기 때문이었다. 그런데 성령을 받지 않으면 천당에 갈 수 없다니 억울했다.

그리고 그때 내 마음에 소원이 여러 가지 있었다.

'하늘나라에 간다면…….' 첫째 교복 좀 새 것 입어 보고, 두 번째는 다른 아이들처럼 교과서는 선생님이 나누어 줄 때 인쇄 냄새가 나는, 아무도 펴본 적이 없는 새 교과서를 갖고 싶었다. 그리고 배고프지 않게 고기를 실컷 먹어 보고, 흰 쌀밥도 배 부르게 먹고 싶었다.

'지옥에 가면 죽지도 않고 가지고 있는 것 다 타서 없어질 거야.'

내 생각과 기억에는 어머니 말씀도 잘 들었고 그렇게 나쁜 짓한 것도 없고 교회에 빠지지 않고 열심히 나갔는데…….

그런 것 가지고 하늘나라에 갈 수 있다고 생각했는데 전도사님은 성령받지 않고는 천국에 갈 수 없다니, 나는 다급히 물었다.

"어떻게 하면 성령을 받습니까?"

중학교 졸업식날.

"방언을 해야 한대요."
"방언 못 하면 천당에 못 갑니까?"
"못 간대요."
신학대학에서 그분에게 뭘 가르쳤는지 모르겠다. 오직 예수 이름으로만 갈 수 있는 나라인데 예수 보혈 피의 공로밖에는 전혀 없다. 방언함도 아니요, 방언하지 아니함도 아니요, 우리가 할례

받았냐 아니냐에 달리지 않고, 예수 그리스도 보혈의 능력의 피밖에는 전혀 없다.

나는 가끔 환자들에게 이런 이야기를 한다. "당신 천국에 갈 자신이 있습니까?" 미국 사람들 99퍼센트가 예스이다. 나는 질문을 다시 한다. "하늘나라 입구에서 천사가 당신에게 여기에 들어올 어떤 자격이 있느냐고 물으면 어떻게 대답을 하시겠습니까?" 그들은 "나는 교회의 중요한 멤버입니다. 말하자면 장로입니다. 또 나는 다른 사람을 해한 적이 없습니다."

그러면 내가 그런다. "천사가 제일 먼저 당신을 킥 아웃 할 것이다(엉덩이를 차서 보낼 것이다). 왜냐하면 하나님의 나라는 예수의 보혈, 피의 공로밖에는 전혀 없으니까."

그 전도사님이 신학교 1학년 때라서 그랬었나 보다. 그 전도사님이 방언 받지 못하면 천국에 못 간다고 하니까 방언이 받고 싶었다. 그래서 기도해 달라고 졸랐다. 그랬더니 억센 손을 내 머리에 얹고 기도하기 시작했다. 2분, 3분 해서도 안 되면 포기할 것이지 계속 흔들어 댔다. 머리를 어찌나 흔들어 대는지 혀가 흔들리기 시작했다. 침이 튀기 시작했다. 온몸이 따로따로 흔들렸다. 전도사님이 되었다고 했지만 나는 아직 안 됐다고 했다. 나중에는 그분이 포기했다.

그러면서 하나님이 아직 사랑하지 않으시는 것 같다고 했다. 갈수록 태산이라.

그날 밤 나는 심각하게 고민을 했다. '하나님 이럴 수가 있어요. 하나님을 내 생각대로 내 마음대로 내 것이라고 생각했는데⋯⋯.'

　그날 밤에 너무 억울해서 이제 이렇게 고생하다가 지옥 가는 것이 너무 억울하다고 생각했다. 하나님과 무엇인가를 해결해야 한다고 생각했다.

　하나님과 씨름이라도 해보고 싶었다. 다음 날 학교에 다녀와서 전도사님 댁을 찾아갔다. 가서 결판을 내야겠다고 생각했다. 그분의 마음을 바꾸든지 방언을 받든지 하러 찾아갔다.

작은누나 원종엽 목사가 시무하는 교회 사택 앞에선 어머니 김철례 권사.

바늘도둑이나 소도둑이나 죄는 같지요

　전도사님 댁은 대전 개운산 언덕 기슭에 있었다. 전도사님은 가정예배를 드리고 있었다. 전도사님에게 내가 "방언 받기 위해 왔습니다."했더니 나를 방바닥에 눕혀 놓고 머리에 손을 얹고 간절히 기도해 주셨다.

　나를 위해 여러 사람이 붙들고 기도했는데 올 것이 왔다. 피곤한 몸이 벌떡 앉아지면서 혀가 돌아가기 시작했다. 그때 내 마음속에서 우러나오는 것은 '하나님 저는 죄인입니다. 무슨 죄인지 생각나지 않았지만 저는 죄인입니다.' 라는 것이었다.

　눈물이 나기 시작했다. 왜 그런지 몰랐다. 그 때가 고등학교 2학년 때였는데 큰 죄도 없는데 밤에 참외밭에 가서 주인에게 말안 하고 따 먹은 것, 말하려고 해도 주인이 없었다. 배고파서 기도 안 하고 그냥 먹은 것도 생각나고, 학교 변소에 돌을 풍덩 하고 집어 던져서 여자 선생님을 놀라게 했던 일, 나는 이미 잊어버렸던 일인데 하나님께서 다 기억하고 계셨다. 어린 마음이었지만 큰 죄는 아니라고 생각했다. 바늘도둑이나 소도둑이나 죄는 같다.

　다른 사람 죽게 하고 마음 아프게 한 일은 없는데 작은 일까지 하나님께서는 모두 기억하고 계셨다가 생각나게 하셨다.

　하나님께서는 깨끗하기를 원하셨다. 내가 회개할 때는 그게 그렇게 큰 죄였다. 어쩌다가 그렇게 했는지 내 마음속에는 더 큰 죄가 무엇인가 생각나지 않았지만 성령님께서는 계속 기도하게 하셨

어려운 생활 가운데서도 새벽기도와 철야기도를 다닐 정도로 뜨거운 믿음이 있었던 고등
학교 시절(맨 우측이 나).

다. 눈물, 콧물 줄줄 흐르고 혀가 나와서 들어가지 않았다. 끈적
끈적한 침과 눈물 콧물이 범벅이 되어서 수염처럼 줄줄 흐르고,
그래도 나는 멈출 수가 없었다. 그 방바닥을 뒹굴고 울었다.

하나님 내가 죄인입니다. 하나님 앞에 얼굴을 들 수 없는 모습으
로 하나님 앞에 그저 죄인이라고 고백하기를 두 시간 동안 했다.

모든 것을 회개하고 나니 하나님께서 내 마음에 평안을 주시기
시작했다. 내가 아직도 잊어 버릴 수 없는 마음의 평안함은 그것
이었다. "종수야, 너는 내 것이다."

그때 내 마음은 너무도 기뻤다. 세상에서 나를 알아 주는 이가 아무도 없는 줄 알았다. 그런데 하나님께서 나를 사랑하신다는 것을 알았다. 기쁨이 차고 넘치는 것이었다. 또 얼마나 울었는지 모른다. 예수님을 통해서 나의 모든 죄를 사해 주시고 이제는 하나님께서 내 손을 잡아주시며 "일어나라 일어나라." 부탁하는 그 음성을 들을 때에 나는 얼마나 감사했는지 모른다.

방언을 비판하는 사람들이 있는데 나는 신앙생활하는 생애에서 가장 중요했던 시간이 그 때라고 생각한다. 나는 방언을 그렇게 소중하게 여긴다. 왜냐하면 그 방언을 통해서 하나님과 전기가 통하는 경우가 있다. 몇 시간이 흘렀는지 전도사님 집을 나와서 내려오는데 세상이 다르게 보였다. 그 곳에 올라갈 때는 세상 속에 불평과 불만과 원망에 가득 찼던 나에게 내려오는 그 길에는 포플러나무들이 하나님을 찬양하는 것처럼 보였다.

'종수야, 하나님을 찬양하라.' 지저귀는 참새들도 하나님을 찬양하는 것같이 들렸다. 멍멍이도 하나님을 찬양하는 것같이 들렸다. 내가 성령을 체험한 뒤에는 하나님의 말씀이 그렇게 달게 들리기 시작했다. 달게 보이기 시작했다.

하나님의 말씀을 보면 그것이 내 마음에 와서 닿기 시작했다. 창세기 1장을 펼치면 끝까지 읽지 않으면 못 견딜 그런 마음이 생겼다.

고등학교 2학년 학생인데도 그저 어머니 쫓아가서 철야기도하고, 어머니 따라가서 새벽기도 하고, 기도하지 않고는 못 견디는 마음을 주셨다. 옛날 같으면 기도하면 할 말이 별로 없었다. 하나님 앞에 나가서 '하나님 그 동안 별일 없으셨어요. 저도 별일 없습니다. 부탁하실 것 있으면 말씀하세요.' 그리고는 누워서 잠을 자버렸는데…….

성령 체험하고 나서는 그렇게 기도가 하고 싶어졌다. 또 방언으로 기도하니까 얼마나 신이 났겠는가. 하나님 앞에 나라를 위해서 기도하고 싶고 앉아 있는 분들을 위해서 기도하고 싶고, 친구를 위해 기도하고 싶고, 어머니 위해서 기도하고 싶고, 우리 가정을 위해서 기도하는 마음이 생기고, 그러다 보면 네, 다섯 시간이 금방 지나갔다.

나는 한달 동안을 철야기도 했는데 처음으로 이 마음에 들리는 음성으로 하나님께서 말씀을 하셨다. 하나님 보시기에 기특하셨나 보다. 나라도 그럴 것 같았다. 그 어린아이가 콧물, 눈물 흘리며 회개하고 하나님이 좋다고 매일 밤 나와서 하면 우리 같은 사람도 그 마음이 동요할 터인데 하나님께서야 얼마나 좋으시겠는가. 하나님은 나에게 처음으로 그런 말씀을 하셨다.

"종수야, 종수야, 네가 무엇을 원하느냐."

처음으로 나는 분명한 하나님의 음성을 들었다. 그 때가 1967년 초겨울이었다. 아직 어렸을 때였지만 내 뇌리에 스치는 하나님의 귀한 음성, 내 삶을 바꿔 놓은 음성이 아직도 귀에 들리는 듯하다.

"종수야, 네가 무엇을 원하느냐." 생각할 여유도 없이 '저는 돈이 필요합니다.' 하고 얘기가 나오려고 하는데 그 말을 할 수가 없었다. 그때 문득 주일학교 선생님이 가르쳐 주셨던 솔로몬의 얘기가 생각났다. 솔로몬은 하나님께서 질문을 하니까 하나님께 지혜를 구했더니 돈도 주고 명예도 주셨다. 그래서 불현듯 일어나서 나도 솔로몬처럼 해보자. 순간적이었지만 주일학교 선생님의 말씀이 탁 떠올랐다. 그분은 길명주 선생님이셨는데 하나님의 말씀을 잘 가르쳐 주셨던 분이었다.

솔로몬의 지혜에 대한 얘기는 내가 어렸을 때 가르쳐 주셨는데 그때 갑자기 솔로몬 생각이 떠올랐다. 그래서 하나님께 '지혜 주세요. 그렇지만 돈도 잊지 마세요.' 했다. 하나님께서 알았다 하시기 전에 빨리 내가 돈 얘기도 했다. 그리고 나서는 가만히 기다렸다.

내 마음속에 하나님이 부르셨다는 것은 의심할 여지가 추호도 없었다. 그래서 엎드려 기다렸다. 지혜와 돈이 와야 하는데 아무 소식이 없었다. 30분이 지나도 소식이 없었다. 그때 어린 마음에 정말 누가 와서 내 머리를 탁 칠 줄 알았다. 그러면서 지혜가 무엇인지 모르지만 확 들어올 줄 알았는데 아무 소식이 없었다. 그래서 옷을 툭툭 털고 일어나면서 하나님도 싱거우셔라 했다. 모처럼 오셔서 그렇게 이야기하시고는 아무 표적이 없었다.

3장
예수 이름 때문에

주께서 응답하셨도다

어느 날 어머니가 새벽기도에 다녀오시면서 어떤 장님 할아버지를 모시고 오셨다.

1968년 1월의 매우 추운 날이었다. 그 할아버지는 교회 가는 길목에 떨고 앉아 계시던 분이었는데 어머니가 매일 그 앞을 지나시면서 망설이시다가, 그 날은 너무 추우니까 얼어 죽으실 것 같아서 지팡이를 잡고 무조건 데려오셨던 것이다.

나는 너무 기가 막혀서 어머니께 처음으로 화를 냈다. "지금 우리 처지에 그 거지 할아버지를 데리고 오시면 어떡합니까."

사실 너무 불만스러웠다. 어머니는 나에게 할아버지를 씻기고 옷을 갈아입히라고 하셨다. 그 추운 겨울 아침 이불 속에서 얼굴만 내밀고 말을 해도 방안 공기가 너무 추워서 입김이 모락모락 나는 판에, 목욕탕은 물론 없었다. 사람 혼자 앉을 만한 조그만 아랫목마저 할아버지에게 뺏기게 되었다. 물 데워 줄 테니 할아버지를 씻기라는 어머니의 명령에 정말 하나님께 순종하는 마음으로 순종했다. 어머니 얼굴은 엄숙해지셨다. 이 할아버지 잘 섬기라고 하셨다. 내가 입으려던 한 벌밖에 없는 속옷을 드리고 그 더러운 몸을 씻겨 드리면서 솔직히 내 마음에 기쁨은 하나도 없었다. 할아버지의 그 더러운 옷과 몸에 손 대기 싫어서 나뭇가지를 가지고 옷을 벗기기도 하고 막 구박하기도 했다. 그러면서 1주일이 지났다.

나는 내 삶 속에서 영원히 그 할아버지의 모습은 잊혀진 줄 알

왔다. 1986년 어느 날 미시간 대학에서 나를 초청했다. 미국에서 성공한 한국인으로서 한국 유학생 집회에 설교를 부탁해 왔다.

간증집회는 아니었다. 학생들이 모여 있는 큰 홀에서 나는 우측 뒤에 앉아서 기도했다. 하나님 저 학생들 앞에서 무슨 말을 해야 할까요? 그때 문득 스쳐가는 장면들과 너는 이것을 얘기하라 하셨다. 필름처럼 다섯 장면을 보여 주실 때 거지 할아버지는 그 중에 제일 첫 장면이었다. 내가 할아버지의 더럽고 이가 끓는 옷을 억지로 벗기면서 구박하던 모습이 보이면서……

"종수야! 그 사람은 바로 나였다." 그러면서 다음 장면을 보여 주신 것이 지금의 나였다.

그리고도 워싱턴, 뉴욕, 로스엔젤레스, 시애틀, 미국의 여러 곳에서 간증 부탁들이 들어왔다. 가능하면 순종하고 싶었으나 솔직히 모든 움직이는 비용을 자비로 다니려고 하니 힘들었다.

1991년 6월 마지막 주에 로스엔젤레스의 몇 교회에서 간증이 있었다. 오전에는 장로교회에서 저녁시간에는 한인 은혜교회에서 집회가 있었는데, 그 교회가 워낙 선교를 많이 하는 곳이라 그 시기에 나의 테이프가 선교사를 통해서 세계 여러 나라에 보내어졌던 것 같다. 특히 여의도순복음교회에 테이프가 전해져 그 곳에서 제일 많이 보급된 것 같다.

나는 훌륭한 사람도 아니고 그렇다고 평범한 사람도 아니다. 나의 삶 속에서 의롭고 영적인 어머니가 계셨기에 오늘의 내가 있었

간증의 시간.

고, 어머니의 기도가 있었기에 하나님을 두려워하며 하나님의 비위를 맞추는 사람이 되고 싶은 열망으로 살아가고 있다.

필름의 할아버지 장면에서 나뭇가지로 거칠게 옷을 벗길 때 할아버지의 찡그리고 괴로워하시던 모습이 보였다. 부끄럽고, 창피했다.

또 음성이 들렸다. "종수야, 내가 배고프고 춥고 떨고 있을 때에 많은 사람들이 거룩한 모습으로 성경 찬송을 들고 새벽기도 하러 교회로 내 옆을 지나서 가더구나. 그중에서 아무도 나를 아는 척도 안 했고 가끔 어떤 이들은 동전이나 지폐를 던져 주고 갔었지. 그들 마음속에 누구를 모시고 살고 있으며 어떤 기쁨이 있었는지 알 수 없구나. 그들의 손에 성경책이 들려져 있었으나 내가 춥고 배고플 때 나를 돌아보는 사람은 한 사람도 없더구나. 그렇지만 네 어미 과부댁이, 어제 저녁도 죽이 모자라서 자식들에게 한 숟가락 더 먹이고, 금식이 아닌 굶식을 밥 먹듯 했던 네 어미가 내 지팡이를 잡고 너희들의 방으로 나를 인도하였구나. 그때 나는 너의 집이 궁궐 같았고 가나안 같았다. 푸른 초장이고 따뜻한 봄날 같았다."

그때 예수님이 말씀하시는 것 같았다.

"너의 가정에 배고픔이 없게 해주마."

예수님, 감사합니다. 부족했던 이 죄인 용서해 주세요. 그 할아버지를 모른 척했으면 어떻게 되었을까.

350등에서 1등으로

할아버지를 모셔다 놓고 일주일 후에 놀라운 일이 생겼다. 나는 새벽기도를 마치고 오는 도중에 배가 고파 어지럼증이 났다. 집에 겨우 돌아와서 윗목 차디찬 방바닥에 누웠는데, 로마서 쪽복음이 손에 닿았다. 내가 은혜받고 나서 하나님의 말씀을 볼 때 달라 보이는 것처럼 복음이 눈에 들어오기 시작하는데 1장에서 16장까지 30분 만에 다 읽어 버렸다. 또 읽고 싶어서 두 번 읽었다. 내 영혼이 새 생명을 얻은 것처럼 왜 그렇게 달고 맛있는지. 학교 갔다 와서 또 읽어야지 하고 학교에 갔다.

성남동에서 대흥동에 있는 대전고등학교까지 버스비가 없어서 터벅터벅 군대용 워커를 신고 걸어갔다. 그런데 갑자기 2층에 붙어 있는 상가건물의 간판이 로마서로 보였다.

'야, 내가 눈을 감아도 보이고 떠도 보이고 배가 고프니까 현기증이 나서 헛것이 보이는가 보다.' 하고 머리를 흔들어 봤다.

아니 그랬더니, 로마서 쪽복음의 페이지가 넘어갔다. 이쪽으로 돌리면 로마서 5장도 보이고 저쪽으로 돌리면 6장이 보였다. 다시 이쪽으로 돌리면 다시 5장, 저쪽으로 돌리면 12장이 보였다.

그래서 내가 돌아 버린 줄 알았다. 큰 문제가 생긴 줄 알았다. 문제가 일어나긴 일어난 것이다. 눈을 떠도 보이고 감아도 보이고 학교에 가서도 그 생각만 났다. 보통 문제가 생긴 것이 아니었다.

혼자서 고민했다.

선생님들이 어떤 내용을 가르치셨는지도 기억이 나지 않았다.

내 생각엔 어서 집에 가서 어머니께 말씀드리고 병원에라도 가야할 심각한 문제였다. 이러다가 돌아 버리는 줄 알았다. 성남다리 밑에 정신병 걸려서 미쳐 다니던 여자가 눈앞에 어른거렸다.

그 때는 매일 철야하고 새벽기도 하고 아침에 겨우 꽁보리밥 먹고 하니까 언제나 허기졌다. 아침 조회 시간이 끝나고 담임선생님이 나를 불렀다. 성적표를 보여 주시는데 480명 중에서 350등이었다. 선생님은 심각한 얼굴로 나를 쳐다보셨다. 내 생각엔 300등이나 350등이나 별 차이도 아닌데 싶어 나는 별로 심각하게 생각하지는 않았다.

"홀어머니만 계신 외아들인데 너 어떻게 하려고 그러니……."

그 말씀에 갑자기 마음이 아팠다. 어머니 마음 아프게 해드리는 것이 나는 참 싫었다. 누나들이 어머니 마음 아프게 하면 그렇게 싫었는데 이제는 나까지……. 교무실을 나오면서 많은 생각을 했다. '이제는 내가 이 세상 사람이 아닌데, 이 세상에 살고 있지만 하나님의 사람, 하나님께서 특별히 사랑하는 사람인데 이렇게 선생님께 불려다니면서 350등짜리라고 낙인이 찍히다니…….'

내가 하나님께 영광돌리는 것이 무엇일까 생각해 보았다. 그순간 나는 마음에 결심을 하게 되었다. "다음에는 공부 잘해서 칭찬 받으러 교무실을 드나들어야지. 적어도 10등 안에 들어가야 하나님께 영광이지. 그렇지요, 성령님." 하고 질문을 했다. '이제 철야기도는 그만두고 어머니와 새벽기도만 가겠습니다.' 하고 마음에 응답받았다.

'공부하자 종수야, 공부하자.' 전 같으면 트럼펫 분다고 밴드부에 왔다갔다 했는데 이제 모든 것을 정리하고 공부만 하기로 작정을 했다. 처음에는 밴드부 선배들에게 매도 많이 맞았다. 왜 그렇게 밴드부가 멋있게 보였는지 그것도 하고 싶었다. 그러나 밴드부를 정식으로 그만두고 공부하기 시작했다. 학교 갔다오면 그날 공부한 것을 복습하고 두세 번씩 읽고 노트 정리도 새로 하고 내일 배울 것은 예습하고, 그런데 하나님께서 책을 읽고 노트를 보아도 꼭 두 번씩 읽고 보게 해주셨다.

그러면서 깨끗이 정리도 해놓고 옛날 같으면 세 번씩 읽어도 잡히는 것이 없었는데 그 때는 확 잡혔다. 공부가 그렇게 재미있을 수가 없었다. 책상에 앉으면 다른 생각나는 것도 없어지고 오로지 공부 잘해서 하나님께 영광돌리자는 생각뿐이었다. 다른 아이들이 놀러다닐 때도 나는 공부만 열심히 했다.

여전히 거지 할아버지는 아랫목에 가만히 앉아 있었다. 화장실에 가는 시중, 세수하는 시중을 다 들어 드렸다.

1968년 2월 학기말 시험이 시작되었다. 벌써 2월이 되어 시험 (모의고사 비슷함)을 보러 갔다. 지금도 잊혀지지 않는다. 전 같으면 시험지 받아놓고 한숨만 쉬었을 텐데, 이번에는 시험지를 보는 순간 눈을 딱 감으니까 갑자기 로마서가 떠오르듯 국사책이 떠올랐다. '야, 이거봐라, 신기하다.' 고개를 갸우뚱했더니 국사책이 한장한장 넘어가기 시작했다.

1번 내용이 나왔다. 이조실록에 관한 것이었다. 막 머릿속에서 책을 넘기다 보니 책이 딱 멈추었다. '야, 이거다.' 나는 그렇게 눈을 감고 찾기 시작했다. 두 번 세 번 이것은 노트에 적어 둔 문제. 넘기면서 문제 하나 보고 끄덕끄덕하고, 문제 둘 보고 끄덕끄덕……. 선생님이 '갑자기 시험보다 조는 놈이 있다.' 하셨다. 남의 속도 모르고. 그러나 나는 열심히 졸았다. 시험을 내 평생 그렇게 신나게 치른 적이 없었다. 한참 후에 마음에 가책이 왔다. 이거 커닝이 아닌가.

커닝의 정의는 시험볼 때 책이나 노트나 페이퍼가 커닝인 것으로 알고 있는데 분명히 나는 책을 머릿속에서 읽었다. 그때 나는 어린 마음에 천국에 가고 싶어서 깨끗이 살고 싶었다. 그래서 하나님께 질문했다. 하나님 이것이 커닝입니까? 아닙니까?

그것도 시험 도중에 하나님의 음성이 들렸다. '거룩한 커닝이다. 받아 먹어라.' 나는 쾌히 먹었다. 마음의 확신을 주시니 얼마나 감사한지 이제는 하나님께서 '오케이' 하신 거니까 열심히 시험을 치렀다. 그리고 나서 시험 결과가 나왔다. 전교생 480명 중에서 5등이었다. 한 학기 사이에 선생님도 깜짝 놀라시고 친구들도 깜짝 놀랐고 나도 놀랐다. 하나님만이 빙긋이 웃으셨다.

담임선생님이 또 불렀다. 선생님은 어떻게 이렇게 잘 나왔느냐고 물었다. 선생님께 그런 모든 얘기를 할 수는 없었다. 물론 이

해를 못 하실 거니까. "열심히 공부했습니다." 하고 넘겨 버렸다. 그랬더니 "수고했다." 하시면서 등을 툭툭 쳐주셨다. 그리고 교무실을 나오는데 마음에 기쁨이 없었다. 이제는 자신감이 생겼고 욕심도 생겼다. 아니 왜 하필이면 5등이야, 기왕이면 1등을 해야지. 이제는 1등으로 졸업을 하고 싶었다. 그리고 영어사전 하나를 다 외워버렸다. 밤늦게 공부할 때에 어머니는 "종수야 그만 자자." 하시면서 나를 걱정하셨다.

나는 새벽기도 갈 때마다 '하나님, 기왕이면 1등 하고 싶습니다.' 하고 하나님께 졸라댔다. 성적표를 보니 수학이 30점이었다. 다른 애들은 99점, 100점도 있는데 문제는 수학이었다. 시험볼 때를 생각해 보니 그럴 수밖에 없었다. 시험 문제를 보고 머릿속에 책을 아무리 넘겨도 학교 교과서의 수학책에는 답이 없었다. 문제만 있을 뿐이었다. 시험지 문제는 응용문제였으니까.

그 후부터 수학공부에 열심을 냈다. 3학년이 되어서는 수학도 잘하게 되었고, 졸업할 때는 전교 1등을 했다. 1년 사이에 어머니께서 거지 할아버지를 모셔놓고 섬겼을 때, 주님이 구체적으로 만나 주시고 할 수 있다고 약속해 주셨다. 재수 한 번 안 하고 머리 빡빡 깎은 채로 서울대학에 시험 보고 당당히 합격했다. 지금도 아쉽다. 1등으로 못 들어간 것이.

나중에 알고 보니 또 수학이 문제였다. 아마 내 생각에 의사가 되면 돈계산 하지 말라고 수학을 못 하게 하신 것이 아닐까 싶다.

할아버지에게 된장국에 보리밥 따뜻하게 드린 것 때문에 의과대학에 들어갈 수 있는 은혜를 주시지 않았을까 생각한다.

　할아버지가 그렇게 맛있게 잡수시던 시래기국, 만족해 하시던 모습, 진정 예수님이셨던 것을 미시간 대학에서 깨달았다. 지혜란 기억력도 포함된다고 생각한다. 구체적으로 생각나게 하시고 기억나게 하시고 영감까지 주시는 것이 아닐까.

　예수님을 대접할 때에 그리스도가 나를 보셨다. 어머니의 섬김의 생활태도를 보시고 어머니가 가장 사랑하시는 아들에게 지혜를 선물로 주셨던 것이다.

나에게 유익했던 가난

종엽이 셋째 누나는 그렇게 대학이 가고 싶어도 엄두도 내지 못했다. 누나는 시간이 있을 때마다 교회에 가서 엎드려 기도했다. 어머니도 나도 실컷 하나님께 모두 얘기했다.

날이 추워지고 양식이 떨어지면 그 때마다 누군가가 양식을 주고 갔다. 우리 집 안채에 사시는 친척도 우리가 굶주리는 줄을 모르고 지냈다. 그때 혜숙이까지 데리고 있었다. 혜숙이는 계란이 하나 생겨도 오빠 준다고 감추어 두었다가 "오빠 나는 먹었어. 오빠 먹어." 하고 나에게 주었다. 몸이 바싹 마르고 식은땀을 잘 흘리는 나 때문에 어머니는 미꾸라지라도 끓여서 먹이고 언제나 내 걱정을 하셨다.

1967년 1월 1일에 큰조카 영일이가 태어났다는 소식에 어머니는 춤을 추셨다. 너무나 어렵고 힘든 결혼 생활을 하던 큰누나가 이제는 인정받을 수 있겠구나 하는 생각이셨을 것이다.

가난한 집 딸이고 예수쟁이 딸이라서 불행했던 누나의 결혼생활에 언제나 마음 아파하셨다. 그렇다고 큰누나가 기도 많이 하는 사람도 못 되어서 어머니는 큰누나 걱정에 한숨 짓는 날이 많았다.

둘째 누나는 잘 있다고 가끔 소식만 올 뿐이었다. 그때 나는 신학교에 갈 생각만 했다. 어렸을 때부터 목사가 되기로 기도하고 있었으니까. 내가 말을 배우기 시작할 때부터 '하나님 일꾼 꼭 되게 해주세요.' 하고 언제나 기도했기 때문이었다. 그러나 그때 나는 자동차 운전하는 것이 무척 부러웠다. "엄마, 나 목사되기 전에 운전수 꼭 한번 해볼게." 하고 어머니께 소원을 했었다.

어느 토요일날 가양동에 사는 친구와 원동시장에 가서 홍합을 사다가 리어카에 연탄화로를 얹어서 삼성동 다리 옆에 가서 한 무더기에 100원씩 팔았는데 종일 서 있어도 사가는 사람이 없었다.

뜨끈뜨끈한 홍합이 입을 쩍 벌리고 있는데 먹고 싶었다. "진수야 우리 서로 사먹자." 100원씩 꺼내서 한 무더기를 까먹었다. 조금 있다 진수가 "종수야 너도 사먹어." 해서 또 사먹었다. 그날 우리는 100원 하나 가지고 서로 사먹고 홍합을 다 없애 버리고 돌아왔다.

장사는 아무나 하는 것이 아니었나 보다. 어머니께도 홍합을 드렸다. 어머니는 밭에서 아욱을 뜯어서 된장국을 맛있게 끓여 주시면서 "우리 종수 귀한 하나님의 일꾼인데 홍합장사 하지 말라시나 보다. 너는 아무 걱정 말아라." 하셨다.

학교 다닐 때 차비를 아끼느라고 걸어다녔다. 어머니는 몸도 약한데 버스 타고 가라고 한사코 100원짜리를 주셨다. 그래도 나는 걸었다. 차비는 모아서 몇 백 원을 어머니 손에 꼭 쥐어 드리곤 했다.

"엄마, 다음에 돈 벌면 엄마 하시고 싶은 것 다 해드릴게요."

두 손을 붙잡고 그 자리에 앉아서 어머니와 나는 간절한 기도를 드렸다. 물론 감사 기도였다.

철야기도, 새벽기도도 어머니를 따라서 같이 다녔다. 그때 우리가 할 일은 기도밖에 없었다. 오직 모든 문제를 주님께 알릴 수밖에 없었다.

지금 생각해 보면 가난은 나에게 절대적인 유익이었다. 사람을 의지할 수도 없었고 오직 주님만 의지했다.

우리의 환경은 절망적이었다. 불쌍한 우리 어머니 언제쯤 편히 모실 수 있을까. 공부하자. 지금 나에게는 공부하는 일밖에는 없다. 썰렁한 윗목에 앉아서 늦게까지 공부하고 있노라면 어머니는 언제나 "종수야 이제 그만 자거라." 하셨다. 어머니는 공부 더 해라 하지 않으시고 항상 이제 그만하고 자거라 하셨다. 공부하는 아들에게 그만하고 자거라 하시는 분은 우리 어머니밖에 없었을 것이다.

윗목에서 책을 펴고 앉아서 공부하다가도 뒤돌아보면 어머니는 추우시니까 담요를 어깨 위에까지 쓰시고 상 앞에 앉으셔서 성경을 읽고 계시다가, 고구마 한 개를 화롯가에 묻어 두었다가 따끈한 보리차하고 주시곤 했다.

"어머니 잡수세요."

"아니 나는 배부르다. 이제 그만 자거라……."

경복궁에서 친구들과 함께.

한숨이 변하여 기쁨과 감사가 되고

1969년 2월, 대전고등학교 졸업식 날은 눈발이 휘날리는 유난히 추운 날이었다. 월남에서 돌아온 군의관 대위였던 매형께서도 서울에서 와주셨다.

어머니와 목사님 사모님이 오셨고 우등상을 타는 나를 보시는 어머니의 눈에는 눈물이 글썽거렸다.

어렵게나마 졸업하게 된 것은 모두가 하나님의 은혜였고, 어머니의 기도 때문이었다. 대학 시험 보는 날도 유난히 추웠다. 며칠 전부터 진눈깨비에다 계속 눈이 쏟아진 후라서 서울 시내의 길이 빙판 그 자체였었다.

용산 군인아파트에 사는 큰누님 댁에서 묵으면서 시험기간을 보내게 되었다. 서울 지리도 모르고 서울대학교 위치를 잘 모르는 때였다. 머리는 빡빡 깎고 그냥 고등학교 교복을 입은 채로 매형의 안내를 받을 수밖에 없었다. 어머니께서 구해 주신 검게 물들인 군용 파카로 추위를 막을 수 있어 다행이었다. 그 때만 해도 토끼털로 만든 귀마개를 하고 종로 5가에 있던 서울대에 매형이 3일 동안 데리고 다니면서 시험을 무사히 마쳤다. 같이 시험을 보는 학생들은 모두가 윤택해 보였다.

막상 시험을 치를 때 나는 남모르는 쾌감을 느꼈다. 내 머릿속에서는 하나님이 주시는 지혜의 답안지가 착착 보여지고 있었으니까. 주위에 있는 분들은 내 꼴이 하도 촌스럽고 몰골이 초라하니까 저 학생이 의과대학에 합격이 될까 하고 의아해 했었던 것 같왔다.

발표하는 날 종로 5가에서 발표를 보고 태평로의 보건사회부에
들러서 "누나 나 합격했어." 하니까 사무실에 계시던 분들이 모두
박수를 쳐주었다.

대전의 어머니께는 교회에 전화를 해서 알려 드렸다. 그러나 어
머니는 그 때부터 근심에 싸여 있었다. 그 많은 입학금 때문에.

그러나 며칠 후에 서울대에서 연락이 왔다. 우수한 성적이어서
장학금 혜택을 받게 되었다는 소식에 어머니의 한숨은 변하여 기
쁨과 감사가 되었다. 제일 싸구려 서울대 교복에다가 여전히 군화
를 신고 아현동에 있는 인후학사에서 종로 5가까지 때로는 걸어서
다니기도 했다. 감리교 산하 지방의 어려운 교역자들의 자녀를 위
해서 설립된 기숙사였지만 식사가 형편없었다.

아르바이트를 구해서 수업 끝내고 학생 가르치고 돌아오면 너무
힘이 빠져서 축 늘어지곤 하였다. 처음에는 서울에 적응을 못해서
그런가 보다 하고 생각했으나 현기증이 나고 밤에는 식은땀이 흐
르면서 가끔 열이 나고 기침도 심했다.

주말이면 용산의 군인아파트에 가끔 갔었으나 큰누님 댁에도 시
댁식구들이 자주 모이셨기 때문에 마음 편한 곳은 못 되었다.

서울에 오기 전까지 어머니의 그늘에서 콩을 갈아서라도 따뜻하
고 맛있게 해주시던 사랑도 그립고, 주위를 보니 서울시장 아들도
있고 서울, 경기, 경복고 출신들이 많았고 나이도 내가 제일 어린

서울대학 시절 학교 교정 벤치에서.

것 같았다.

다른 학생들은 돈에 쪼들려 보이지도 않았다. 그런 환경에 위축
될 때도 가끔 있었다. 나의 몸은 날로 쇠약해지고 있었다.

학교에 한 달 반쯤 다니고 있을 때 의과대학 보건소에서 통지가
날아왔다. 폐의 반 이상이 상해 있다는 진찰 결과였다.

고등학교 2학년 때부터 나타났던 증상이 서울대학에 들어와서
병의 확연한 증세로 나타났다. 대학 보건소의 X-ray에 나타난 나
의 폐는 이미 2기가 넘어 있었다. 나에게는 병을 이길 체력이 없

었다. 한때는 자살하려고도 했다.

'아! 하나님 나는 어쩌란 말입니까.'

어머니의 얼굴이 떠올랐다. 어머니가 얼마나 슬퍼하실까. 어떻게 영양보충을 해줄까 해서 갖은 머리를 다 써서 보살펴 주셨건만 폐병이라니, 어머니가 얼마나 기막히실까. 막상 육신이 약해지니 세상에 낙심되는 것들이 너무 많았다. 철학에 심취되었을 때였는데 내 몸의 한구석이 병들어 있어 막 흔들렸다. 이제 내가 믿었던 것도 다 헛것이었고.

'하나님이 계시면 왜 나에게 이런 일들이 자꾸 생기는 것일까. 어떤 친구들은 자가용 타고 다니고 조금도 궁색함이 없어 보이는데 왜 나는 이렇게 불행할까. 나를 사랑하신다더니 어떻게 이렇게 병들게 하실 수가 있을까.' 하는 생각이 들었다.

예수 안 믿는 친구들은 더 잘 먹고 잘 쓰고 잘사는데, 왜 나는 이렇게 절망으로만 몰고 가는 것일까.

1969년 5월 물리과 건물 4층 실험실에서 화학실험을 하다가 갑자기 자살하고 싶은 생각이 들었다. 이렇게 괴로운 세상 더 살아서 무엇하나. 폐의 한쪽은 이미 다 썩었고 이젠 절망이다. 죽자.

발코니로 나왔다. 밑을 내려다보았다.

정신적 혼란에 몸까지 병들었으니 학비도 없고 어머니께 드릴 돈도 없고. 밑을 내려다보니 사람들이 지나다니는 모습이 보였다. 사람들의 모습이 마치 낙지같이 보였다. 다리를 난간에 걸었다.

자살을 생각할 정도로 심신이 약해 있을 당시 동숭동 교정에서.

막 뛰어내리려는 순간이었다.

갑자기 어머니의 얼굴이 보였다. 어머니는 손을 저으면서 가까이 다가오고 있었다. 그리고 곧 내가 죽어 있는 모습. 가마니가 덮여 있고 어머니의 통곡하는 모습이 보였다. 그 순간 정신이 들었다. 뛰어내리려고 걸었던 다리 한쪽을 내려 놓았다. 어머니께서는 그 순간 나를 위해서 기도하셨다고 했다. 그 기도가 나로 하여금 자살로 인도하는 사탄에게서 놓임받게 했던 것이다.

평소 어머니의 새벽기도가 없었으면 나는 그때 뛰어내려 자살을

교회 수양회에서 낚싯대를 들고.　　　　　예과 2학년 때 교회에서.

했을 것이다. 다음 날 새벽 하나님께 간절히 기도했다.

'하나님 저 이렇게 살고 싶지 않아요. 하나님 살아 계신 것 보여 주세요. 의사가 될 저에게 하나님께서 내 병을 고칠 수 있다는 것을 보여 주셔서 저를 살리시든지 죽이시든지 기도하다 죽겠습니다.'

다음 날 토요일 나는 대전에 내려갔다. 산에서 결연한 심정으로 기도를 하기 시작하였다.

'하나님, 이러실 수가 있습니까. 열여섯 살짜리가 방언 받아서

새벽기도하던 그 수많은 날들을 잊으셨습니까. 그 많은 밤의 철야 기도를 잊으셨습니까.'

그리고 최후의 수단으로 금식을 하기 시작했다. 만일의 경우 일찍 죽는 편을 택하자는 마음이었다. 하루가 지나자 기운이 빠졌다. 피가 폐에서 올라왔다. 기침할 힘도 없어서 다른 폐로 가서 숨이 차올랐다. '하나님, 내가 죽으면 하나님 손해이십니다. 저의 앞길이 창창하고 하나님과 그렇게 가까웠고 목사님과 전도사님, 장로님보다 더 오래 앉아서 새벽기도한 사람입니다.'

둘째날 밤이 되자 정신이 혼미해졌다. 손가락도 움직일 수 없었다. 드디어 죽게 되나 보다 생각했지만 새벽 4시 반쯤 깨어났다. 죽지 않았음을 확인했다. 그때 이상한 일이 일어났다. 갑자기 머리에서부터 시원한 얼음 같은 것이 내려오기 시작했다. 머리에서 목까지 내려오더니 "종수야 네 머리는 이제 새것이다."라는 말씀이 들렸다. 시원한 기운이 목을 지나갔다. "종수야 네 목은 이제 새것이다." 계속해서 엄지발가락 끝까지 올 동안 "네 가슴은 이제 새것이다, 너의 배는 이제 새것이다. 너의 다리는 이제 새것이다."는 말씀이었다. 나는 오뚜기처럼 일어났다. 단숨에 산꼭대기로 올라갔다. 힘껏 "하나님 감사합니다." 하고 외쳤다.

너무 감사했다. 새벽 4시 반에 찾아오신 하나님께 감사했다. 그 시간은 언제나 새벽기도하는 시간이었다.

새벽 4시마다 하나님 앞에 나와 엎드리지 않았더라면 이렇게 병

의과대학 시절 홍창의 교수님을 모시고 무의촌 진료 중에.

을 고쳐 주실 수 없었을지도 모를 일이었다.

산에서 내려오는 대로 X-ray를 찍어 보았다. 병균들은 돌덩어리가 되어 뼈 뒤에 콱 박혀 있었다.

나는 지금도 그 X-ray 사진을 갖고 있다.

의과대학 수석졸업할 수 있었던 것은

 의대 기독학생회 회장을 할 때의 일이었다. 대개 병실이나 수술실에서의 실습이 끝나면 오후 점심시간을 이용해서 잔디밭에 앉아 담소를 하기도 한다.

 예수 믿지 않는 친구들은 으레 담배를 서로 권하면서 내게도 건네준다. "종수야 담배 피울래?" 농담조로 하는 말이다.

 나는 일단 받아놓는다. 친구들의 담배가 다 타갈 무렵 나는 윗포켓에서 손바닥에 들어가는 성경카드를 꺼내서 "얘들아 내 담배도 좀 피울래."하고 그 친구들의 손에 성경카드를 하나씩 모두 건네주었다. "뭐 이런 담배도 있냐." 하면서 한번씩 자기에게 주어진 성경구절을 읽어 보고는 주머니 속에 집어 넣는다.

 본과 3학년 때부터 극심한 데모가 시작되었는데 총학생회장도 데모하자고 협박하고 종로경찰서 형사계에서는 데모만 났다 하면 제일 먼저 기독학생을 잡아가려고 나를 찾았다. 잡히면 경찰서에서 일단 몰매를 맞는다는 소문에 지도 교수님들은 나를 보고 잠시 피해 있으라고 해서 꼭꼭 숨어 버린 적이 여러 번 있었다.

 나를 숨겨 주시고 그 당시 학생처장이셨던 이 교수님께서 나의 학적부를 싸가지고 종로서에 가서 이 학생은 독실한 기독교 신자이며 홀어머니의 외아들이라고 하면서, 절대 데모할 사람이 아니라면서 변명해 주셔서 무사했다. 어디를 가든지 하나님의 인도 아래 피난처를 주셨고 도와 줄 사람들을 만나게 해주셨다.

 또 우리는 방학 때면 무의촌 진료를 기독학생회 주최로 섬이나 산골로 봉사하러 다녔다. 지도 교수님은 교회에서 설교할 일이 생기면 곧잘 나에게 강단을 맡기셔서 멋도 모르고 교수님 앞에서 설교 아닌 설교를 했던 일들도 있었다.

용돈은 풍족하지 못했어도 그렇게 불편하지는 않았다. 장학금 이외에 생활비까지 이곳 저곳에서 지원을 받았다. 1974년 본과 3학년 겨울, 그때 나는 어느 고등학생의 과외지도를 하고 있었다. 첫 월급 3만 원을 탔다. 먼저 어머니 생각이 났다. 돈 타는 날 막차로 서울을 떠나 대전에 갔다. 고속버스를 타고 가면서 여러 가

기독학생회 주최 무의촌 봉사활동 중.

지 생각을 했다. 어떻게 어머니를 기쁘게 해드릴까. 우리 집 들어
가는 길목의 고깃간이 떠올랐다. 어머니에게 고기를 좀 사드려야
지. 삶아서 실컷 잡수시게 해야지. 추운 방에서 떨고 계실 어머니
생각만 해도 가슴이 저미는 것이었다.

드디어 터미널에 도착했다. 차창 밖으로 어떤 할아버지가 눈에
띄었다. 내 눈에는 덜덜 떠는 두 다리만 보였다. 나는 또 갈등이
일어났다. 왜 하필이면 이 늦은 토요일 밤에 왜 내 눈앞에 저 주
책 같은 할아버지가 서 있을까. 나는 손에 쥐고 있는 거금 3만 원
을 땀이 나도록 꼭 쥐었다. 그리고 뒷걸음질을 쳤다. 할아버지가
사라질 때를 기다렸다.

버스가 정지하고 사람들은 뒤에서 밀고 나는 할아버지를 피하려
고 뒷걸음질을 쳤다. 그러나 할아버지는 갈 생각도 하지 않았다.

차장은 어서 내리라고 성화였다. 드디어 할아버지 앞에 서니 너
무 불쌍했다. 추운 초겨울에 살이 훤히 들여다 보이는 아랫도리를
덜덜 떨고 있었다.

꼭 쥐고 있던 3만 원 모두 손에 쥐어 주면서 "할아버지 맛있는
것 사 잡수시고 바지도 사 입으세요." 하고 뒤돌아서서 집으로 향
하는 나의 걸음은 마치 허공을 밟는 듯했다.

고깃간을 지나갈 때는 가슴이 아팠다. 공연히 돈을 다 주었구
나, 남겨서 어머니에게 한 근만이라도 사다드릴 걸……. 후회도
했다.

좌로부터 어머니 김철례 권사, 매형 박창한 집사, 조카 영일이, 필자, 큰누나.

별생각을 다하는 동안에 집 앞에 도착했다.

"어머니……."

"아니, 종수야 웬일이니, 연락도 없이."

어머니는 속도 모르고 반가워하셨다.

"어머니 보고 싶어 왔어요."

눈물이 앞을 가렸다.

다음 날 새벽기도에 어머니와 같이 갔다가 일찍 서울로 돌아왔다.

'하나님 때가 오면 돈도 주시겠지요. 저에게 지혜 주신 것처럼 돈도 주시겠지요.' 그리고는 곧 미아리 큰누님 댁으로 들어가서 공부하기 시작했다. 아르바이트는 그 때부터 하지 않았다. 큰누나가 숙식을 제공해 주었기 때문에 오로지 공부에만 전념할 수가 있었다.

본과 2학년 때 우등상을 받고.

내 삶의 우선 순위는 하나님

하나님은 결코 자기의 뜻을 믿지 않는 자에게 드러내지 않으신다. 예수 믿지 않는 사람은 하나님의 뜻과 아무런 상관이 없다.

아무리 하나님께서 원하시는 뜻이 있더라도 예수님의 구원의 역사가 이루어지지 않은 사람에게는 하나님의 뜻이 일어날 수가 없다. 그래서 믿지 않는 사람은 아무리 허공에 대고 하나님의 뜻이 어디인가를 찾아도 하나님의 뜻이 그 사람에게 드러날 수가 전혀 없는 것이다. 예수 그리스도를 통하여 하나님의 구원을 자기 마음에 얻지 못한 사람은 하나님과 원수이기 때문이다.

하나님의 뜻이 무엇인가 알려면 제일 먼저 내 마음에 확신해야 될 것이 '나는 크리스천인가, 나는 하나님과 화해한 사람인가, 나는 새 사람인가.' 하는 것이다. 그것을 하나님께서 요구하신다.

우리는 예수님의 보혈로 하나님 앞에 새로운 피조물이 되어야 한다.

나 자신을 귀히 여기는 자가 하나님을 사랑하는 자이며, 우리 삶 속에 하나님을 우선 섬기는 사람이 성령충만한 사람이다.

나는 서울대학교 의과대학을 다니면서 북아현동의 인후학사에서 지냈다. 5시 반쯤 종로 5가에 있는 의과대학에서 돌아오면 7시까지 저녁식사를 하고, 7시부터 9시까지 아르바이트를 하고, 9시부터 12시까지 잠을 잤다. 12시에 일어나서 냉수마찰을 하고 하나님 앞에 기도한 다음에 책을 펴고 공부하기 시작했다.

그 때는 본과 1학년이어서 뼈와 해골에 대해서 공부하는데 해부

의대졸업식장에서 어머니와 함께.

학 책을 보기 전에 내 마음에 와서 툭툭 치는 것이 있었다. 내가
이 해부학 공부 하기 전에, 세상 공부 하기 전에 하나님 말씀을
봐야지, 그런 마음이었다. 그래서 구약을 한 장 읽고 신약을 한
장 읽고 하나님 앞에 기도했다.

　'하나님 아버지 내가 이 해부학이 나의 머리에서 지식이 되기
전에 하나님 내가 하나님 말씀을 사모하기 원합니다. 이것이 나의
인간적인 것이, 인간의 유익과 번영을 위한 것이 아니라 하나님의

서울대 의대를 수석으로 졸업한 후 청와대에서 박정희 대통령이 사회에
첫발을 내딛는 우리를 격려해 주셨다.

말씀과 하나님의 뜻에 쓰게 해주시옵소서.'

기도하는 가운데 세상 공부하기 전에 성경을 먼저 읽었다. 그리
고 나서 한 시간쯤 후에는 생리학 공부를 하는데 이 때도 구약과
신약을 한 장씩 읽고 생리학을 공부했다.

마음의 소원은 이것이었다. '하나님 아버지, 내가 이 공부를 하
는 동안 얻어지는 지식을 내 것이 되지 않도록 인도하시고 세상적
인 이 지식이 말씀으로 이해되게 하시옵소서. 그래서 하나하나 내

머릿속에 담겨지는 모든 지식이 하나님의 뜻으로 쓰여질 수 있도록 해주십시오.' 그렇게 5시까지 열심히 공부하고 5시가 되면 새벽기도에 갔다.

하나님 앞에 무릎 꿇고 간절히 기도했다.

'하나님 내 삶을 맞아 주시옵소서. 내 삶 속에 우선순위는 하나님이 되게 해주시옵소서.'

그때 나이 스물이었다.

하나님께 소원을 두는 사람은 하나님께서 책임져 주신다. 하나님이 우선순위가 되는 사람은 성령충만해진다. 하나님 안에서까지 성령충만하다는 것은 나의 기도생활이 끊이지 않고, 하나님 말씀으로 충만한 것이다.

하나님께서 내 삶 속에서 무엇인가 귀한 것을 보셨다. 그것이 무엇이었겠는가. 바로 하나님을 우선하는 삶.

낙제만 면하도록 하는 마음이었는데 의과 수석을 하게 되어서 하나님께 영광돌렸다. 내가 수석 졸업하게 된 것이 신문에 실렸고 모든 친척분들이 축하해 주셨다.

결혼만은 팔려가는 당나귀가 되지 않게 해주세요

1975년 2월에 서울의대에서 수석으로 졸업하게 되었다. 공부에 대해서 나는 최선을 다했다. 책을 많이 읽는 것을 주로 하고 공부하기 전에 먼저 찬송하고, 신약 읽고, 구약 읽고 그리고 세상공부를 하였다. 하나님께서 최선을 다하는 모습을 보신 것 같다.

전국 의사 국가고시에서도 1등을 했다. 서울대 의대 수석 졸업에 국가고시에서 1등까지 하니까 여기저기에서 중매가 들어왔다. 정부 고위층에서는 결혼도 군대식으로 하려고 했다. 자기들이 좋으니까 해야 된다며 거의 명령조로 부탁을 해왔다. 중매쟁이들의 손에 나의 신상이 나도 모르게 들어갔고 그것 때문에 무척 시달려야 했다.

졸업하고 홍은동 큰누님 댁에서 있을 때의 일인데 아침에 고급 차들이 집 앞에 대기하고 있다가 서로 자기 차를 타야 한다고 하는 해프닝이 벌어지기도 했다.

'하나님 이게 뭡니까? 내가 결혼을 해도 팔려가는 당나귀가 되지 않게 해주세요. 하나님, 나의 아내 될 사람은 하나님을 진정으로 사랑하는 사람을 주세요. 내가 지게를 지더라도 따라올 수 있는 가난한 사람을 주세요.' 하고 기도했다.

권력이 없는 사람을 택하고 싶었다. 대학병원에서 인턴을 하면서 퇴근을 할 때도, 수술실에 갈 때도, 병상일지를 쓸 때도 나의 등 뒤에서 들리는 소리는 "저 사람이 원종수야, 저 사람이 수석 졸업했대. 국가고시도 일등했대. 아직도 총각이래."였다.

내 아내(민윤식)는 나의 기도대로 권력가나 재산가의 딸이 아닌 음악을 전공한, 나에게 편안한 내조자이다.

인턴들이 얼마나 바쁘고 고달픈 형편인지를 전혀 헤아리지 못하는 분들인가 보았다. 얼마나 피곤한지 결혼한 아내도 만나고 싶지 않을 만큼 인턴들은 24시간 대기 상태이다. 게다가 많은 일과 실습들이 산적해 있었다.

어느 날에는 누님 댁에서 출근하려고 나오는데 새까만 벤츠가 문을 열고 기다리고 있었다. 다음 날도 생전 처음보는 고급차가 대기하고 있었다.

중매가 들어오면 우선 큰누님이 먼저 보고 괜찮으면 내가 보겠다고 말해 두었다. 어느 날 명지대 앞 다방에서 날을 정해 놓고 모두 보았다. 미국에서 왔다는 처녀도 있었다.

나는 '하나님, 성령충만한 아내, 하나님을 두려워하며 특히, 우리 어머니와 누님들에게 자기 핏줄처럼 대해 줄 수 있는 사람을 배우자로 택해 주세요.' 하고 기도하기 시작했다.

지금 우리 집사람은 미국교회의 어느 분이 중매해서 만난 사람이다. 서울 음대를 졸업했고 미시간에서 석사 공부 중이었던, 형제들이 많은 평범한 가정의 셋째 딸이었다. 처음 보는 순간부터 집사람에게서 편안함을 느꼈다. 집사람과 몇 번 만난 후에 한국의 어머니에게 알리고 허락해 주십사 하고 편지 드렸다. 처음에 같이 손잡고 기도도 많이 했다. 내게는 권력보다, 재물보다, 나를 이해해 주고 편안하게 해주는 사람이 필요했다.

1982년 5월 18일에 서울에 함께 나와서 결혼식을 올렸다. 대학촌교회 백승진 목사님 주례로 큰매형께서 사회를 보시고 친지 가족들의 축복 속에서 결혼식을 올렸다. 내 아내는 나에게 무척 희생적이다.

나의 나쁜 점도 많겠지만 언제나 편안하게 해준다. 그리고 어머니와 누님들에게도 성의를 다하는 것 같다. 결혼식이 끝나고 나의 제의에 의해서 신혼여행 대신해서 오산리 금식 기도원에 어머니를 모시고 셋이 함께 금식기도로 우리의 장래를 하나님께 서원했다.

아내 민윤식 집사는 교회에서 성가대 지휘자로 봉사하고 있다.

상처입고 나타났던 예수님

1975년 서울대학병원에서 인턴 근무하면서, 영등포 시립병원에 인턴 파견 근무 나가 있을 11월 말경이었다.

응급실에 어린 소년이 기차에서 뛰어내리다가 다쳤는데, 머리속의 뇌들이 보일 정도로 부서져 버린 그 소년의 치료 때문에 마음 아파하고 있었다. 수술을 해야 하는데 환자 가족도 없고 보증금도 없는 형편이라 다 죽어가는 어린 소년의 눈을 들여다보면서 '하나님, 무슨 뜻입니까? 내가 어떻게 해야 합니까?' 인턴이라는 신분으로 나 혼자 마음대로 할 수도 없어, 내 영혼 깊이 슬퍼하고 소년의 손을 꼭 쥐고 옆에서 상태만 지키고 있을 뿐이었다.

고민하면서 있는데 바깥에서 시끌시끌 하는 소리가 들렸다. 내다보니 거기에 또 웬 할아버지가 덜덜 떨고 서 있었다. 하나님께서 주신 사건이 또 생겼구나. 가까이 가서 할아버지께 물어보니 허벅지에 큰 종기가 나서 곪아터지고 엉망이었다. 수납원은 돈을 안 가져오면 치료할 수 없다고 하면서 옥신각신하고 있었다. 그때 우리 나라 형편에는 돈이 없으면 죽어야 하는 형편이었다.

병원문 앞에서 돈이 없어서 돌아가는 사람들이 수없이 많았을 때였다. 그때 나는 월급에서 3만 원 정도를 용돈으로 쓰고 모두 어머니에게 드렸다. 그때 내 수중에 3만 원이 있었다. 바로 전날 탄 월급에서 용돈으로 갖고 있었던 것이었다. 나는 수납에 가서 여직원에게 내 월급에서 떼도록 하고 그 할아버지를 내가 치료해 드리겠다고 부탁했다.

할아버지를 응급실에 모셔와서 상처를 깨끗이 치료하고 항생제 주사도 놓아 드리고 3만 원 모두 손에 쥐어 드렸다. "할아버지 이 돈으로 잘 잡수세요. 그리고 예수 믿으세요." 하고 살그머니 귓속에 대고 말했다. 할아버지는 갑자기 눈을 크게 뜨고 나를 물끄러미 바라보더니 고개를 끄덕거리셨다. 고마움을 말로 다 할 수 없다는 표정이셨다.

"할아버지, 가세요. 모레 한 번 더 오셔서 주사 맞고 치료받으세요. 그리고 잘 잡수세요."

레지던트 시절.

내가 처음 미시간 대학 한인 기독교 학생회 모임에서 단에 섰을 때 필름처럼 지나갔던 장면 중에 바로 헐벗고 상처입었던 이 할아버지의 모습이 떠올랐다.

그분이 바로 예수님이셨던가……

미시간 호수에서 보트를 운전하시는 어머니.

방위병으로 병무청 근무

1976년 4월에 공주 본적지에서 영장이 나왔다. 홀어머니의 외아들이라서 방위병이 되었던 것이다.

수색에 있는 부대에서의 훈련은 무척 힘들었다. 훈련소에 들어가는 날부터 ×새끼, ×같은 새끼, 원 이병으로, 서울대 수석 졸업생의 신분도, 이름도 없어졌다. 왜 그렇게 때리는지 걸핏하면 머리를 때리는데 기가 막혔다. 어머니 밑에서 자랄 때 어머니는 내게 이 새끼 저 새끼라든가 하는 험한 말씀을 한번도 하신 적이 없었다. 학교에서도 선생님들께로부터 꾸중 들어본 일이 없었다.

대전고등학교 2학년 때 잠깐 밴드부 할 때 상급생들에게서 단체 기합받으면서 몇 번 들어 보았을 뿐이었다. 그때 욕을 먹는 것이 나에게는 깊은 회의에 빠지게 하였다. 막 은혜 체험도 하고 성령 충만하다고 생각했을 때 과연 하나님의 귀한 아들이 사람들에게서 이 새끼 저 새끼 더 심한 욕을 들어야 하는가 하고 혼자서 고민도 많이 했었다. 왜인지 몰라도 나 때문에 하나님께서도 같이 욕먹는 것 같았다. 내 안에 성령님이 계신데 저 사람들이 그렇게 몰라보는가 하는 아쉬움 때문만이 아니라 그들이 불쌍했다.

훈련기간 중 그 넓은 연병장을 뛰고 있는데 옆의 한 훈련병이 배를 움켜쥐고 쓰러졌다. 부대장이 오더니 발길로 차면서 꾀병 부리지 말라면서 계속 뛰라고 명령했다. 그 사병은 간신히 일어났으나 다시 배를 움켜쥐고 쓰러졌다.

나는 의학공부를 한 사람으로서 본능적으로 그의 배를 눌러 보왔다. 틀림없이 급성 맹장이었다. 한바퀴 돌고온 부대장은 "너는 또 뭐야 이 새끼." 하고 나까지 발길로 찼다. 그때 나는 신분을 밝혔다. "나는 의사인데 이 사람 진찰해 보니 급성 맹장이라서 빨리 병원으로 옮기지 않으면 위험합니다." 하고 정면으로 그의 눈을 쳐다보고 보고를 했다. 부대장이 눈을 크게 뜨고 잠시 아무 말도 못 하더니 소대장에게 보고하고 소대장은 중대본부에 보고를 했다. 나는 그를 등에 업고 그 넓은 운동장을 뛰어서 의무대로 옮겼다. 군의관의 진단도 마찬가지였다.

그는 그날 바로 후송되어서 수술을 받았다. 그리고 몇 달 후 미아리 어느 동사무소에서 다시 만나게 되었다. 얼마나 반가워하는지 내 손을 잡고는 일 볼 생각도 않고 고맙다고, 당신이 아니었다면 죽을 뻔했다고 몇 번이나 감사의 말을 했다. 나는 그에게 "하나님이 당신을 사랑합니다, 예수 믿으세요." 하고 전도했다.

그 사람 때문에 훈련소에서도 또 서울의대 수석 졸업한 사실이 군의관들에 의해서 알려지게 되었다. 그래서인지는 모르지만 병무청 사무요원으로 보내졌다. 어떻게든 6개월만 하면 되는 것이었지만 나에게는 6년과 같이 괴로운 나날들이었다. 아침에 병무청에 나가면 재떨이 털고 책상 닦고 바닥 청소하고 가끔 담배 심부름도 하고, 또 고등학교 갓 졸업한 방위병 동료들이 일주일 먼저 들어왔다고 점심시간에는 점심도 안 먹이고 지하실에 데리고 가서 기강 잡는다고 훈련을 시키고 사람 취급도 않는 것이었다.

나는 하나님께서 이런 훈련도 필요해서 시키시나 보다 하고 생각하게 되었다.

"하나님 낮아지겠습니다. 서울대학을 1등으로 나왔고 의사고시 1등했다고 대학 병원에서 새까만 인턴이 복도 한복판을 활개치고 다니면서 교만했던 모습을 보셨습니까. 회개합니다. 제일 밑바닥에서 섬기는 삶을 살아보도록 훈련시키시는 것에 감사합니다. 교만을 깨뜨려 주셔서 감사합니다. 사람들이 1등한 사람이라고 불러주지 않아서 감사합니다. 저를 겸손하게 만들어 주시니 감사합니다. 그리고 열심히 순종하고 섬기겠습니다."

그러나 구박은 점점 심했다. 하나님께서 그 사람들을 통해서 나를 훈련시키는 사명을 주었는지 나만 보면 수색 훈련장에서처럼 머리를 때리는데 참기 힘들었다. 그리고 별별 저주의 욕을 해댔다. '하나님 저 저주가 내게 오지 말게 해주시옵소서.' 언제나 속으로 중얼중얼 기도하는 것 때문에 그들이 더욱더 나를 심하게 대했는지도 몰랐다. 물론 예수 안 믿는 사람들이었으니까.

'사탄아 때만 와봐라, 두고보자. 내 육신이 옷을 벗는 날, 내 방위 옷 벗는 날 보자.'

승리가 언제나 눈앞에 보이기 때문에 참을 수 있었다. 하나님의 귀한 아들이라는 신분 때문에 참을 수 있었다. 아침에 미아리 큰누님 댁에서 도시락을 싸들고 출근을 했는데 군화끈을 매면서 한숨을 푹 쉬니까 누나가 "종수야 힘드는구나, 이제 석 달 남았다.

참아라. 차라리 군의관으로 갔으면 대접이나 받지." 했다.

매형도 누나도 군의관 출신에 간호장교 출신이었으니 군생활을 너무나 잘 알고 계셨다. 나도 잠깐은 후회했다. 내가 그렇게 힘들어 하고 자존심 상해하는 모습을 누나도 처음 보았을 테니까.

아침에 병무청에 들어갈 때부터 기합이 시작되어서 그 문을 나올 때까지였다. 우리 동기 중에는 서울대 동기생 몇 명이 있었다. 저녁 퇴근 후에는 후암동 선술집에 모여 앉아서 졸병의 설움을 털어놓고 어이없이 웃었다. 일주일마다 밀려들어오는 후배 졸병들에게 우리는 신사적으로 대우해 주었다. 그것이 더 아니꼬웠는지 우리에게 가하는 고참들의 압력은 더했다. 다 참을 수 있는데 공연히 워카발로 걷어차는 데는 참을 수가 없었다.

이제 겨우 석 달을 남겨 놓고 있던 어느 날, 나는 매일 달력에 줄을 긋고 넘어가는 것이 큰 기쁨일 때였다. 그 날도 청소를 부지런히 하고 있는데 갑자기 문 앞에서 "경롓" 하는 구령이 울려서 잡고 있던 걸레를 땅에 팽개치고 손을 머리에 올렸다. 육군 의무 참모 대령이 한 분 들어오셨다. "근무중 이상 무." 하고 과장이 복창을 하고 차렷 자세로 서 있었다.

대령님이 갑자기 "여기 원종수 선생이라는 분이 있다는데 찾아 주시오." 과장은 원종수라는 이름을 들어본 적이 없으니 계장들을 즉시 소집했다. "여기에 원종수 선생 있나?" 모두 모르는 표정이었다. 평소에 나를 제일 못살게 굴던 계장이 "너 원종수 누군지 알아?"

 같은 원씨니까 혹시 아나 해서 물어 보는 것 같았다. 나는 말을
못 하고 얼떨떨하고 있다가 "내가 원종수입니다."라고 하자 50여
명 근무하는 병무청 동원과 사람들 얼굴이 모두 쓴 약을 먹은 듯
일그러졌다.

 그 시간 이후 병무청장실에서 근무하게 되었다. 당시 병무청장
은 자주 건강을 상담해 오셨다. 깍듯이 닥터 원으로 호칭을 해주
셨던 분이었다. 나는 하나님의 인도로 방위병 마칠 때까지 다시는
××새끼라는 소리를 듣지 않아도 되었다.

 그렇지만 잊지 못할 일은 선임자 한 명을 저녁 때 골목길에서
서울대 동기생들 여러 명이 발로 걷어차 주고는 사정없이 도망가
버렸던 일이다.

 다음에 병무청에서 만났었지만 그는 돌아서 버렸다. 자기가 한
죄는 아는지. 나도 그 일을 그 후에 회개했다. 속은 시원했지
만⋯⋯.

서울대 졸업식을 마치고.

기다려 주는 이 없는 미국으로 떠나다

1976년 9월에 방위병으로 제대한 후에 미국에 갈 준비를 하는 동안 선배 병원에서 야간진료를 맡아 했다. 그리고 월급을 타면 어머니에게 꼭꼭 갖다 드렸다.

1976년이 미국에 의사취업 이민이 허용되는 마지막 해였다. 1976년 12월 31일까지만 허용되었다. 미국대사관에서 건강진단서가 필요하다고 해서 세브란스에서 진단서를 받고 보니 옛날에 앓았던 폐가 시꺼멓게 흔적이 있어서 미국에 갈 수 없다는 판정이었다. 그때 큰누님이 막 홍은동으로 이사했던 때인데 어머니도 거기 계셨다.

"어머니, 누나, 큰일났어요. 폐의 흔적 때문에 미국에 못 가게 될 것 같아요." 하고 낙심하며 말씀드렸더니 "우리 일주일 기도하고 다시 찍어보자." 하고 말씀하셨다. 큰누님에게도 금식기도를 부탁하였다. 작은누나도 어머니도 나도 사흘간씩 모두 금식기도에 들어갔다. 모두 은혜스럽게 한마음이 되어서 저녁이면 손을 붙들고 기도하고 새벽기도에 가서 기도드렸다. 좋으신 주님의 뜻대로 이루어 주옵소서. 주님께 이 생명 맡긴 몸이오니 주님 저를 맡아 주시옵소서…….

일주일 후에 세브란스에서 X-ray 촬영을 해서 다시 보니 아니, 일주일 전에 있던 시꺼먼 흔적이 아주 적은 석회로 변해 보였다. 물론 대사관에서 합격이 되었다. 미국에 갈 준비만 하면 되었다. 그러나 내가 아무리 일을 해도 비행기 삯과 당분간의 생활비도 없었다.

12월 말이 가까워 오는데 우리는 기도만 했다. 큰누나에게 있던 촬영기와 영사기 등을 친척에게 맡기고 돈을 융통했다. 외환은행에서 환전을 하는데 은행원이 도장을 가져왔느냐고 물었다. 나는 당황해서 누나 얼굴을 쳐다보는데 누나가 얼른 "나한테 있잖아." 하고 백에서 도장을 꺼내 서슴없이 찍어 버렸다. '아니, 내 도장은 병원 서랍에 있는데 언제 큰누나에게 있었지?' 여전히 나는 아무 말도 못 하고 달러만 지갑에 넣고 이제는 비행기를 탈 수 있겠구나 하고 은행문을 나오면서 "누나 언제 내 도장 가져갔어?" 하고 물었다. "그럴 땐 아무거나 찍으면 되는 거야. 인감이 아닌 다음에야 원종까지 같은데 누가 쉽게 알아 보겠니. 내 도장 찍었지 뭐. 오늘 시간 지나면 내일은 토요일이고 언제 하니?" 큰누나의 놀라운 순발력, 그래서 실수도 많았지만…….

그래도 비행기 삯 내고 나면 용돈이 너무 모자랐다. 1000불을 바꾸었는데 200불은 비행기 삯으로 썼다. 그 대신 의사이기 때문에 홀트 아동복지회에 신청하면 입양아들을 데리고 갈 수가 있었다. 어떤 분하고 둘이 애들을 열세 명이나 데리고 가야 했다. 하나가 울면 하나가 싸고 정신 없었으나 돈보다도 그 아기들을 사랑으로 돌보고 기도해 주고 싶은 마음이 많았다. 내 이웃과 소외된 자를 끝까지 사랑하는 마음으로 어머니에게 안심시켜 드렸다.

"가서 취직되는 대로 어머니 먼저 초청장 보내 드릴게요."

큰누나와 함께.

　아기를 돌봐야 되는 30대의 남자는 콜라를 손에 들고 아이들을
옆에 쭉 뉘어 놓고 영화를 보고 있다. 맙소사 배짱도 좋은 사람이
구나.

　영어도 잘 안 통해서 식사 때도 놓쳤다. 금식하라는가 보다 싶
었다. 그 동안 밥먹듯이 기도하라는 하나님의 뜻인가 보다 하고
순종하고, 이 애가 울면 기저귀 갈아 주고 품에 꼭 껴안고 기도하
고 저 애가 보채면 양쪽을 안고 기도해 주고……. 불쌍한 아기들
을 잠깐이라도 사랑해 주고 싶었다. 한국의 불행한 부모보다 차라
리 앞날에 더 큰 행운이 깃들 수도 있다고 생각도 해보았다. 오죽
하면 자기 자식을 포기했겠는가. 수없이 데리고 가는 입양아들이

도대체 어느 가정에 보내어질까 하는 생각을 해보니 기도하지 않을 수가 없었다.

'하나님, 이 어린 아기들을 만나는 사람들 모두 예수 믿는 사람으로 이 아이들 사랑하게 해주세요.' 하고 하나씩 하나씩 품에 안고 기도했다. 국민학교에 다닐 때 어머니가 데리고 온 선둥이를 많이 보아 주고 우유도 먹이고 기저귀도 갈아 주었던 일이 있었기 때문에 그리 서툴지는 않았다.

미국 뉴욕에 도착하니 아기의 양부모들이 나와 있었다. 모두들 좋은 분들 같았다.

나의 목적지는 하지스 목사님이 계신 필라델피아인데 그날 저녁 20불을 내고 하룻밤을 지내고 다음 날은 아기를 같이 데리고 왔던 분에게 하룻밤을 신세져야 했다. 공연히 나 때문에 부부싸움만 하는 걸 보니 갑자기 마음이 두려워졌다.

이 삭막한 미국에서 지낼 일을 생각하면서 다시 한번 주님께 기도드렸다. 유난히도 춥고 배고픈 겨울밤이었다. '하나님, 내가 어디로 가야 합니까.' "하지스 목사님 댁으로 가라." 하는 소리가 들렸다. 무작정 멕키스 포트 행 차표를 끊었다. 아홉 시간을 버스로 가는데 금식을 하기로 했다.

멕키스 포트의 어느 주유소 앞에 나를 내려놓고 버스는 떠났다. 헐렁하고 큰 가방 한 개를 들고 낯설은 땅에 버려졌다. 내가 어떻게 하다 여기까지 왔나 생각하면서 주유소로 터벅터벅 걸어들어갔

1979년 어머니와 캐나다 여행 중에.

다. 그러나 문닫을 시간이라며 나가달라고 했다. 그때 주유소로 경찰관복을 입고 수염이 덥수룩한 할아버지 한 분이 들어오셨다. 아! 할아버지, 할아버지는 언제나 영적인 만남이었다.

나는 혹시 하지스 목사님을 아시느냐고 물었다. 할아버지는 두 말도 없이 안다고 대답하고는 공중전화 부스에 가서 전화를 돌려 주셨다. 그리고 하지스 목사님 교회에 있는 한 사람이 전화를 받더니 지금 데리러 갈 테니 거기서 기다리라고 한다고 일러 주었다. 고맙다고 말하고 나서 뒤를 돌아다 보니 그 할아버지 경찰은 온데간데 없이 사라졌다. 예수님이셨던가?

30분쯤 후에 어느 분이 주유소에 와서 자기는 딘이라고 하는데 하지스 목사님은 지금 교회에서 집회 중이시니까 차에 타라고 말했다. '하나님 감사합니다. 이렇게 저의 길을 인도해 주시는군요.' 눈이 하얗게 쌓였고 지금도 계속 내리는 길을 그분의 따뜻한 차로 가면서 하나님께 감사의 기도만 드렸다.

갑자기 딘이 물었다.

"닥터 원, 당신 크리스천입니까?"

"예스."

짧은 영어실력이라 그가 무슨 말을 하는지 귀를 기울이고 들었다. 그는 다시 한번 물었다. "닥터 원, 당신은 진정한 크리스천입니까?" 무슨 깊은 뜻이 담겨 있는 말을 묻는 것이다. 그분은 알고 보니 성령충만한 교인이었다.

그날 밤 딘의 집에서 묵었다. 따뜻하고 온화한 방을 내주면서 오래 전에 만났던 친형제처럼 대해 주어서 마음 또한 편안했다. 다음 날 교인 300여 명이 모인 집회에 같이 가자고 했다. 딘이 바로 그 그룹의 리더였다. 딘은 집회가 끝나면 간증을 해달라고 부탁하였다.

집회가 끝나자 모두 박수를 치면서 나의 간증을 재촉했다. 급한 마음에 '하나님 도와 주세요. 방언할 수는 있으나 영어 실력은 없습니다. 방언으로 통할 수 있게 해주세요.' 하고 단 위에 섰다. 그런데 놀랍게도 갑자기 내 입에서 유창한 영어가 나오기 시작했다. 나도 내가 무슨 이야기를 했는지 모른다. 약 30분 이상을 했던 것 같다.

간증을 마치고 단상을 내려가려고 하니 어떤 사람이 앞으로 뛰어나왔다. 그리고 "지금 하나님께서 나에게 말씀하시기를 당신에게 안수받으라고 하십니다. 나는 며칠 전 눈 위에서 넘어져서 골절되어서 괴롭습니다." 하고 간청했다. '하나님 어차피 이렇게 됐습니다.' 하고 나는 한국말로 기도했다. 그 순간 그 사람은 팔이 아프지 않다면서 번쩍 들어올렸다. "할렐루야!"

기도회가 끝나고 하지스 목사님을 만나고 목사님의 아들, 나와 늘 함께 놀던 스테비와 데니도 만났다. 너무 반가웠다. 꿈이 아닌가 하고 생각할 만큼 극적인 일들이 일어났다.

가족과 함께 여름 휴가 중.

레지던트 1년 월반하다

인턴 생활은 한국도 힘이 들지만 미국에서는 더 힘들게 훈련을 시킨다. 그 많은 의사 가운데서 동양에서 온 나는 아는 사람도 없었고 황색인종이라고 벌써 차별하는 것이 보였다.

나의 주임교수는 아놀드 와이놀러라는 심장을 전공하신 분이었다. 저녁 때 환자를 입원시켜 치료하고 나면 그 다음 날 아침 모닝 리포트라고 해서 그 전날 들어온 환자들을 과장 앞에서 다 보고해야 했다. 그러면 잘했다 잘못했다 평을 하고 잘못한 것에 대해서는 주의를 주었다. 그리고 주임 교수는 최근에 학회에서 일어나는 것들을 설명해 주었다. 그런데 미국 인턴이 케이스 보고를 하면 잘했다고 칭찬해 주면서 내가 보고를 하면 꼬투리를 잡아가지고 유별나게 차별을 하는 것이었다. 기가 막혔다. 처음 당해 보는 일이었다.

'하나님, 이 사람이 그럴 수가 있습니까. 하나님 이 문제를 어떻게 좀 해결해서 저를 한번 드러나게 해주세요.' 하고 기도했다. 다른 사람들이 나를 바보 취급했다. 그후 1개월이 지나서부터는 안 되겠다 하는 생각이 들었다.

'하나님 저를 위해서가 아니라 내 안에 있는 하나님의 이름을 세워 주십시오.' 하고 기도했다.

환자 정리를 다 해놓고 다른 인턴들은 잠을 자는 사이에 나는 도서관 키를 가지고 도서관에 가서 일주일 전에 나온 의학잡지를 다 읽었다. 피곤해서 잠이 와도 어떻게 하든지 두 번씩 읽었다.

그 다음 날 아침에 병원으로 갔다. 그 날도 케이스 보고를 했다. 주임 교수가 일어나더니 나에게 질문을 해도 모를 것 같으니까 자기가 설명해 주겠다고 했다. 얼마나 모욕적인 말인가. 교수님은 2주 전에 의학신문 기사가 났던 통계에 의하면, 몇 퍼센트는 죽고 몇 퍼센트는 살고 치료는 이렇게 저렇게 하면 된다고 설명해 주었다. 나는 손을 들어 말했다. "교수님 그것은 2주 전이 아닙니다. 그것은 3주 전에 나온 신문입니다. 그것은 어디쯤에 있다고 했는데 어디쯤이 아니라 페이지 328에 있었습니다. 그것은 32퍼센트가 아닙니다. 그것은 32.8퍼센트입니다." 주임 교수는 머리를 긁적거리며 말했다.

　"너 어제 읽었지!"

　나는 의혹을 안 주려고 "글쎄 어제 읽었더라도……." 하면서 속으로는 내가 성령 받아가지고 그렇다고 할 수도 없고 두고보자 싶었다. 계속해서 다른 사람이 보고를 하니까 이것저것 질문을 하면서 또 탁자에 올라가서 무슨 이야기를 했다. 나는 다시 질문을 하였다. "교수님, 그 내용은 저널 2월호가 아니고 2월 23일자 의학신문입니다. 학생도 있고 인턴, 레지던트도 있는데, 하시려면 날짜를 정확하게 가르쳐 주십시오. 페이지는 56입니다. 문장 여기에……." 하고 틀린 부분을 지적했다. 내 머릿속에는 그 페이지가 딱 보였다.

　주임 교수가 당황하기 시작했다. 나는 그렇게 못된 사람이었다.

나중에는 자기가 말하다가도, 가톨릭신문 몇 페이지쯤 있는 거다 하면서 나를 쳐다보고 "그게 맞니?" 하고 묻기 시작했다.

교수님이 뭐 잘못 말하면 내가 또 뭐라고 할까봐 나보고 일어나서 이야기를 하라고 할 정도였다. 얼마나 괴로우셨겠는가.

하루는 교수님이 나를 찾으셔서 그 방에 들어갔더니 그분 하시는 말씀이 어떻게 그렇게 똑똑하냐고 물었다. 그래서 방언 받고 그렇다고는 말할 수가 없어서 한국의 서울대 출신들은 다 그렇다고 했다.

그 말밖에 설명할 도리가 없었다. 그 사람은 유태인이었다. 그러니 예수님이니 방언이니 해봐야 통할 것 같지도 않았다. 그 교수님은 나에게 아침 미팅 때는 안 들어 왔으면 좋겠다고 했다. 자기를 위해서. 그래서 나는 여기에 파견받고 왔는데 어떻게 미팅에 안 들어오느냐고 도리어 물었다. 그분 하는 말이 너는 아는 것이 많으니까 다른 병원으로 파견나가라는 것이었다. 나는 갈 수 없다고 했다. 왜냐하면 지금 레지던트 2년차인데 그 곳은 3년차가 되어야 가게 되어 있었다. 이제 2년차도 끝이 안 났는데 어떻게 갈 수 있겠는가. 모두 마치고 가겠다고 버텼다.

1년 내내 교수님은 나 때문에 고통을 받았다. 그 교수님은 나만 보면 얼굴이 새파랗게 질려 버렸다. 내가 환자를 보다가 늦게 들어오면 신나게 얘기하다가도 내가 그 방에 들어가면 얼굴색이 싹 변했다. 내가 왜 그렇게 그분을 괴롭혔는지 모르겠다.

미국에서의 인턴시절.

이제 1년차가 끝났는데 3년차로 가야 한다는 말을 들었다. 앞으로 2년을 자기하고 있을 생각을 하니 끔찍했었나 보았다. 미국의 사들도 3년을 꼬박 채워야 내과 전문의 시험을 치를 수 있는 자격을 주는데, 주임 교수가 2년만 하고 끝내라는 것이었다. 1년 건너 뛰어서 얼른 내보내고 싶었던 것 같다.

나는 단호히 그럴 수 없다고 거절했다. 수련증 없이 내과 전문의를 어떻게 딸 수 있겠는가. 잘못하면 내가 큰 함정에 빠져들 것 같았다. 그랬더니 자기가 저쪽 병원에 편지를 써 주겠다고 나섰다. 이 사람은 2년차는 뛰어넘어도 되는 사람이라고.

그래서 나는 이 학교(병원)에서 그 편지를 받기 전에는 절대 월 반할 수가 없다고 했더니, 그분이 그 자리에서 편지를 써 주었다. 내과 전문의 시험을 볼 수 있는 자격을 준다는 편지였다.

그런 사람은 미국에도 없었다. 오직 하나님만이 하실 수 있는 일이었다. 하나님께서 좋아하시는 사람은 하나님도 몸둘 바를 모르시는 것 같다. 언제나 그런 삶을 사는 것이 아니고 그 때는 급했다. 미국에서 동양사람이라고 너무 구박하니까 하나님께서 불쌍하셨나 보다. 그래서 나를 이렇게 드러내 주셨다. 그리고 나서 학교에서 교수로 남으라고 하는데 그때 참 고민을 많이 했다.

하나님께 나는 어머니가 기도하신 것처럼 목사님이 되고 싶다고 기도했다. 그래서 공부가 끝난 다음에 미국 전역에 있는 감리교 신학대학원에 편지를 썼다.

그러나 하나님 앞에 다시 기도했다. '하나님 저는 지원병이 되고 싶지 않습니다. 저를 목회자로 부르셨습니까? 한번만 더 제게 응답을 주십시오.' 그래서 금식하면서 기도를 하는데 하나님께서 응답을 주셨다. "너는 아직 그릇이 안 되었다. 너는 구약시대의 제사장은 되어도 신약시대의 목사님은 안 된다."

'왜 그렇습니까?' 했더니 내가 그렇게 주임 교수에게 골탕먹인 것처럼 틀린 것에 대해서는 할 말을 다해 버리기 때문이라고 했다. 그래서 나를 한국에서 내모셨는지 모르겠다. 내가 목회자가 된다면 나는 교인들 앞에서 이것 잘못했다 저것 잘못했다 남의 약점만 지적할 뿐이지 감싸 주고 덮어 주고 위로하는 예수님의 사랑을 할 수 있는 그릇이 아직 못 된다는 것이었다.

그래서 나는 목사님들만 만나면 열등의식이 있다. '야, 목사님은 하나님이 인정하시는 귀한 그릇인데……. 나는 그저 막 써먹을 그릇밖에는 안 되었구나. 마음이 너무 강퍅해서 마음이 너무 소심해서…….'

우리 어머니가 기도하신 것은 꼭 이루어지고 있는데……. 하나님 아직 저를 포기하지 마세요. 금식기도도 했다.

언젠가 나도 목사님이 꼭 되게 해 달라고 기도했다. 나는 그런 기도를 많이 한다. 내 마음을 바꾸어 달라고…….

그후 오하이오에 잠깐 있다가 미시간에 와서 대학병원에서 인턴, 레지던트 과정을 마친 후에 개업의 시험을 거쳐, 1985년에 병원을 개업하게 되었다.

레지던트 때 어머니가 한국에서 오셨다. 작은 아파트에 침대 살 돈이 없어서 맨바닥에서 잠을 자는 것을 보고 어머니는 "어미가 못나서 네가 이렇게 고생하는구나." 하시며 눈물을 흘리셨다. 우선 차를 먼저 사야 했기 때문에 침대 살 돈이 없었다. 사람들은 미국이라는 곳은 모든 것이 풍족해서 어쩌면 하나님과 멀어질지도 모른다고들 했다. 내가 한국에서 떠나면서 어머니와 손을 꼭 잡고 기도하면서도 나의 믿음, 나의 신앙만은 변치않게 해달라고 기도

했듯이, 미국이 아니라 그 어느 곳에서도 나와 예수님과의 사랑관계는 더욱 깊어졌다. 한 걸음 두 걸음 미국에서의 관문을 넘을 때마다 하나님께 대한 감사는 더욱더 짙어지고 벅찬 감사로 넘쳤다.

어머니가 미국에 오시기 전에는 일주일에 한 번씩 어머니께 편지를 썼다. 그렇게 고생만 하시는 어머니, 이렇게 좋은 곳으로 어서 모셔 왔으면, 이렇게 흔한 고기 실컷 사드렸으면, 작은누나에게도 공부 실컷 할 수 있는 기회를 주었으면…….

너무 가난하게 살고 있는 어머니 생각으로 정신을 차릴 수가 없었다. 그리고 언제나 예수님은 나를 사랑하셨고, 나도 예수님을 사랑하였다.

오, 주 없인 살 수 없네
오, 주 없인 살 수 없네

나의 찬송, 나의 기도, 얼마나 행복했는지 모른다.

레지던트 할 때도 또 미국 의사들이 뒤에서 수군수군 했다. 도대체 닥터 원이 모르는 것이 무어냐고……. 그들에게 나는 당신도 예수를 믿으면 지혜를 주시고, 지혜를 주시면 모든 것이 문제없다고 자신 있게 말할 수 있었다.

온 가족이 미시간 호숫가에서 즐거운 시간을 가졌다.

예수 이름 때문에

의과대학 인턴, 레지던트가 끝난 다음 대학교에서 교수 자리를 준다지만, 언젠가 나는 목사를 해야지 하는 마음이 언제나 있었다.

'하나님, 내가 대학교수 생활을 하면 늘 시간에 쫓기고 바쁜 생활인데… 그리고 마음대로 전도도 못할 것 같은데 어떻게 해야 합니까.'

공직에 있는 사람이 예수님을 전도하거나 증거하면 제재가 심했다. 그래서 모든 트레이닝 과정을 다 받고 사인하기 전에 마음속으로 '하나님, 나가서 개업하겠습니다.' 했다.

개업을 해도 미국에서는 대학병원에 환자를 보내고 학생들을 가르칠 수 있고 연구를 계속할 수가 있다. 실험실을 통한 연구를 하지 않아도 환자를 통한 연구를 계속할 수가 있어서 개업하기로 결심을 했다.

개업을 하고 나니 동양인 의사에게 오는 사람이 없었다. 개업하고 조그만 오피스를 차렸어도 환자가 별로 없었다. 1분에 환자 한 명 보는 게 아니라 1시간에 환자 한 명을 보았다. 옛날 병명부터 기록하고 신체검사를 머리서부터 발끝까지, 그 사람의 마음상태까지.

인간의 병은 육신에만 있는 것이 아니다. 지금 우리 나라의 실정처럼 환자를 세 시간 기다리게 해놓고 1분 보는 것은 죄이다. 솔직히 무엇을 진단할 수 있겠는가. 인간의 존엄성이 땅에 떨어졌

Enjoying Good Health

Dr. Won is a member of the Oakwood Hospital Medical Staff and maintains a private practice in Oncology in Allen Park.

CANCER RESEARCH PROVIDES NEW HOPE

By Joseph Won, M.D.

New tools for fighting cancer have been found through recent scientific research.

The focus of much of this research is the cancer-fighting capabilities of the human immune system. Using the body's own defense system to treat cancer opens new, hopeful approaches in the field of oncology.

Clinical use of this technique is still limited, but there has been some success. For example, treatment with the protein Interferon has been effective in achieving remission for patients with some forms of leukemia.

TOOLS TO FIGHT CANCER

The main tools in the fight against cancer are still chemotherapy (drugs), radiation therapy, and surgery. Recent research has led to more effective forms of these treatments.

Both chemotherapy and radiation may present problems because the therapy itself may harm normal, life-sustaining cells, including those needed to fight infection. Research into the mechanisms of chemotherapy has revealed that many of these harmful side effects can be avoided.

NEW TREATMENTS

We now know that combining certain drugs used in therapy enhances their effectiveness. Cancer of the testicles can often be cured now, even if the cancer has spread to other parts of the body. Various forms of childhood cancers can also be effectively treated in this way.

Another new treatment involves bone marrow transplantation. Bone marrow from the patient, or matching marrow from a sibling, is removed and stored before chemical and radiation therapy is administered. Following the therapy, the healthy marrow is transplanted back to the patient. This method shows promise for the treatment of acute and chronic leukemias, as well as cancer of the lymph gland.

While great strides have made oncologists optimistic about the future, prevention and early detection of cancer cannot be overemphasized. Regular visits to your physician remain your best tool in the fight against cancer.

WANT INFORMATION? If you have a health topic that you would like to read about through our medical columns, please call 593-7028.

미시간 신문에 실렸던 나의 암전문의 기사.

너는 내 것이라

다. 의사의 잘못만은 아니다. 의료 행정이 문제이고 시민의식이 문제일 것이다.

서로 같이 피곤한 문제이다. 미국에서는 짐승도 1분에 진료할 수 없다. 1분 안에 환자를 진단할 수는 절대 없다. 특별한 영감이 있는지는 모르지만 어떤 때는 환자를 다섯 명을 한꺼번에 본다는 데 자존심도 없는 일이다.

예수님께서 그렇게 귀하게 여기셨던 생명 하나 하나를, 어언 6년이나 걸려서 앓아왔던 병들을, 어떻게 1분을 보고 처방을 할 수 있겠는가. 참 속상한 이야기이다.

어느 날 어떤 흑인 환자를 치료해 주고 났는데 그 사람이 하는 말이 자기 차에 자기가 존경하는 목사님 한 분이 계신데 그분을 진찰해 줄 수 있는지 물었다. "그분도 흑인 목사님이신데 은퇴를 하시고 당뇨병이 심해져서 눈이 머신 분입니다." 그때 시간이 많았으니까 그냥 들어오시라고 했다. 물론 무료로 진찰을 해주었다.

나는 할아버지와 인연이 참 많다. 거의 한 시간을 상담하고 약까지 무료로 해서 잘 보살펴 드렸다.

그냥 가시라고 하면서 의자에서 일어나 부축을 해드리려고 했더니 그 흑인 할아버지 목사님께서 너무 감동하셔서 "내가 닥터 원을 위해서 기도해도 될까요? 내가 닥터 원에게 갚아 줄 것이 없으니 기도해 주고 싶어요." 하셨다.

기다리는 환자도 없고, 좋다고 하면서 다시 의자에 앉으시게 하고, 장님이시기 때문에 옆에서 부축해 드려야 했다.

"내가 크리스천인 것을 어떻게 알았습니까."

"당신은 분명 크리스천일 거라고 확신하고 있었소."

내가 가운을 입은 채 그 할아버지 앞에 무릎을 꿇어 앉았다. 나는 어렸을 때부터 어머니께서 가정예배 드릴 때 무릎 꿇는 습관을 들이셨기 때문에 무릎을 꿇고 앉는 것이 차라리 편안했다 .

그 목사 할아버지는 감동이 되셔서 손을 부들부들 떠시면서 방언기도를 하시더니 갑자기 예언기도를 하기 시작했다.

"너는 나의 일을 하라. 너는 나의 복음을 증거하라. 그러면 환자는 내가 책임져 주마. 너에게 많은 환자가 찾아올 테니 너는 그 환자들에게 복음을 증거하라."

그래서 나도 눈물을 흘리며 "옳습니다. 옳습니다. 아멘. 아멘."

지금 막 개업해 놓고 환자 오지 않는다고 걱정하기 전에 환자 한 사람 한 사람 올 때마다 예수님께서 나에게 보내 주셨다고 생각하고 내가 그들에게 주님의 사랑을 증거하리라 다짐했다.

처음 병원을 개원할 때도 교회 목사님과 어머니를 모시고 예배를 드렸다.

나는 중요한 일이 있을 때마다 어머니를 사무실로 모시고 나와서 예배드리고 기도를 같이 드린다. 나에게는 어머니의 기도가 제일 큰 재산이다. 기도 중에 어머니 마음에 평안이 오면 나도 평안하다. 어머니보고 그랬다.

"어머니, 이제 미국에서는 고생 안 시켜 드릴게요. 고기 실컷 드시게 해드릴게요."

한국에 있을 때 어머니에게 맛있는 것 많이 사드리고 싶은 마음이 얼마나 간절했었는지 모른다.

어렸을 때부터 나의 마음속에는 어떻게 하면 어머니를 기쁘게 해드릴까 하는 마음이 간절했다.

'맞았어. 내가 주님의 일을 하면 모든 것을 보장하시리라. 환자 한 명을 볼 때마다 15~30분 보내고, 나를 만나는 환자마다 어떻게 해서라도 예수라는 말을 한 번이라도 나오게 해서, 그들의 마음속에 예수님이 박히게 하리라. 환자가 되어서 혹은 암에 걸려서 그들의 인생의 삶이 가장 마지막 끝에 있을지라도.'

4장

기적은 지금도 일어나고 있습니다

- 원종수 권사의 건강학 강의록 -

암이 발생하는 원인

　미국에서는 네 사람 중에 한 사람이 암에 걸려서 죽습니다. 암에 걸린 사람이 나으려면 기적이 일어나야 합니다. 암은 절대 아픔을 주지 않습니다. 마지막 1년, 그 때까지 증상을 주지 않습니다. 암은 아주 천천히 자기의 해야 할 일을 합니다. 목적도 없이 꾸준히 우리 몸 속에서 자라고 있습니다.

　암에 걸리고 나서 죽음 앞에서 떠는 사람을 많이 봅니다. 그 때는 하나님 앞에 모두들 겸손해집니다. 의사로서 주님의 사람으로서 하나님의 복음을 전할 때 그 사람들이 다 받아들일 것이라 믿습니다.

　의학계에서 정말 이것은 분명 암의 원인이라고 증명된 것이 있는데 바로 담배입니다. 다른 것들은 간접적으로 증명됐지만 담배는 의학적으로 증명이 되었고 담배를 안 피우면 암의 40퍼센트가 없어집니다.

　담배가 왜 암을 일으키는가? 니코틴이 암을 일으키는 것이 아닙니다. 담배는 연기 자체 내에 방사능도 있고 수소화된 탄소들이 있습니다. 담배 한 개비를 피우면 자기 생애에서 그 하나에 대해서 보상을 해야 합니다. 담배는 우리 몸에 그렇게 나쁩니다.

　여기에 더 큰 암을 일으키는 것은 술입니다. 담배 피우는 사람은 암 걸릴 확률이 25배, 술과 담배를 같이 하면 100배가 넘게 됩니다. 미국에서는 공공장소에서 법적으로 금연하도록 되어 있습니다.

　담배는 몸에만 나쁜 것이 아니라 영적인 의미가 참 많습니다.

절, 무당집 같은 곳에 가 보면 연기(향)를 솔솔 피웁니다. 담배를 피우면 깊은 생각을 하게 되고 스트레스가 없어진다는 생각을 누가 심어 주는지 아십니까? 사탄이 그런 생각을 심어 줍니다. 피폐한 사람들과 세상에서 타락한 사람들이 어둡고 컴컴한 곳에서 담배 피우기를 좋아합니다.

담배 한 개비를 피울 때 악한 사탄이 나쁜 생각을 심어 주고 혈관이 수축합니다. 뇌로 가는 혈관이 제일 먼저 수축합니다. 뇌에서 생각하는 혈관들이 수축을 받아 동물적인 생각만 합니다. 하나님 앞에 영적인 생각을 하지 않고 자기의 육적인 생각만 합니다.

교회에 나오고 예수 믿고 목사님 설교 듣고 은혜받아서 담배 안 피우는 경우만 생각해도 하나님께 감사해야 합니다. 왜냐하면 암에 걸릴 확률이 25배나 줄어들었기 때문입니다. 가족 중에 담배 피우는 사람이 있으면 그 사람을 위해서 기도해야 합니다. 생각 속에 악령이 들어 오고 암세포를 유발합니다. 그분을 위해 기도하십시오.

암을 치료하는 방법

첫째, 수술이 있습니다. 수술은 네 오른손이 죄를 지으면 잘라 버리라는 성경 말씀과 같이 암을 잘라 버리는 것입니다.

하나님께서는 죄를 계속 놓아 두지 말라고 하셨습니다. 마음에 기쁨이 없고 신앙생활에 기쁨이 없으며, 내 안에 의가 없기 때문입니다.

우리는 육체가 있는 한 죄를 안 지을 수가 없는 것입니다. 따라서 암을 수술로 잘라내는 것같이 자신 안의 죄는 과감히 수술해야 합니다. 나는 암에 대해서 생각할 때마다 영적인 의미가 깊다고 느낍니다.

육체의 암은 세상의 마귀와 같다고 생각하고 암은 조기에 발견하고 치료해야 함과 같이, 마귀가 주는 죄도 그와 같이 해야 하기 때문입니다.

암은 대개 1기, 2기, 3기, 4기로 나누어지는데 1기나 2기에 잘라 버리면 다시 생기지 못하는 것같이, 마귀의 유혹도 기도로 단호히 잘라 버리면 이겨낼 수가 있는 것입니다. 이렇게 되기까지는 매일 아침마다 새벽 제단에서 자신을 점검해야 합니다.

둘째, 방사선 치료입니다. 방사선 치료는 햇빛보다 강한 빛으로 암세포를 죽이는 것입니다. 하나님의 빛이 내 영에 들어오는 것같이 말입니다.

셋째, 화학요법입니다. 화학요법은 온몸을 돌아다니며 암세포를 죽이는 치료방법입니다. 영적으로 성령충만한 삶입니다.

그러나 가장 중요한 것은 수술입니다. 60퍼센트 이상의 희망적인 확답을 기대할 수 있습니다.

의사도 하나님의 역사하심 안에 있습니다. 따라서 의사를 찾는 일에 대해 믿음과 지나치게 결부시킬 필요는 없다고 봅니다. 하나님께서 의술을 통해서 역사하십니다. 기도해서 완치시키는 사람도 많지만, 자기 믿음이 약하다고 생각하면 꼭 의사에게 와서 도움을 받아야 합니다.

나는 암을 예방하는 제일 근본적인 것이 새벽기도라고 생각합니다. 문제가 생기고 마음이 막 부글부글 끓는 일이 생기면 "내일 새벽에 두고 보자."라고 말하며 모든 문제를 다음 날 새벽으로 미루어 버립니다. 누가 나를 공격해도 영적인 문제로 보고 그 사람과 다투기보다는 기도로 해결하려고 애씁니다.

수술하는 의사는 스트레스가 심한 편입니다. 그러나 나는 그것을 스트레스로 여기지 않으려고 합니다. 물론 잘못하면 배상해 주지만 내 잘못이 아닐 때는 이렇게 기도합니다.

'내일 새벽에 두고 보자.'

한번은 어떤 할머니가 골수암으로 입원했는데 그 아들들이 대단한 지위에 있었습니다. 그런데 그 할머니가 병원 화장실을 가다가 넘어져서 뼈가 부러져 버렸습니다.

물론 내 책임이 아니었지요. 그 아들들은 모든 원망을 내게 퍼부으며 무조건 책임을 지라고 몰아붙였습니다. 너무 억울해서 하

나님께 기도를 드리니 그 스트레스가 다 풀리며 생각이 바뀌기 시
작했습니다. 나를 괴롭혔던 생각들이 기도로 인해 파괴되고 평안
이 내 마음속에 깊이 자리잡았습니다.

그런데 전화가 왔습니다. 할머니로부터. 걱정하지 말라면서 자
기 아들들을 데려다놓고 야단을 치고 훈계를 했으니 염려 말라
고……

그 할머니는 괴로운 가운데서도 나를 사랑하는 마음을 보여 준
것입니다. 물론 하나님께서 주신 마음이지요.

하나님께서 하지 말라는 것만 하지 않고 하나님 전에 나와서 무
릎 꿇을 때 하나님께서는 이 세 가지 즉 영, 혼, 육을 책임져 주십
니다.

88체육관에서의 간증집회.

암을 정복하려면

첫 번째, 새 피조물이 된다는 것은 하나님과 화해하는 것입니다. 하나님은 우리에게 예수님의 보혈로 화해하기를 선포하셨습니다. 그러나 화해하지 않은 사람은 예수 믿지 않는 사람입니다. 하나님께 불만이 많은 사람입니다.

이런 사람들은 마음속에 평온함이 없습니다. 이런 분들은 고혈압이 생기고 심장병이 생기고 영원토록 마음에 불안함이 없어지지 않습니다. 하나님이 우리에게 심어 주신 것입니다.

내가 나를 알기 전에는, 섬기기 전에는, 내 자신을 내 안에서 발견하기 전에는 절대 만족할 수 없음을 우리 마음에 심어 주시고 창조하셨기 때문입니다.

하나님과 화해하기 전에는 절대 우리 몸에서 부신피질 호르몬과 아드레날린이 떨어질 수가 없고, 우리 경찰 세포는 줄어질 수밖에 없습니다.

예수님의 이름으로 화해해야 합니다. 하나님은 교만한 자를 싫어하십니다. 하나님은 솔직한 사람을 원하십니다. 하나님과 화해했다고 했어도 나 자신과 화해하지 않은 사람은 화해한 사람이 아닙니다.

하나님 앞에서 나를 발견한 사람이 하나님과 화해한 사람입니다. 나 자신과 화해하지 않은 사람은 하나님과 화해하지 않았다는 증거입니다. 나를 학대하지 마십시오. 많은 사람들이 자신을 학대합니다. 자기 자신을 귀하게 여기지 않습니다.

예수님은 나 한 사람 때문에 오셨습니다. 우리 하나님은 절대 가족단위를 원하지 않습니다. 있는 모습 그대로 하나님 앞에 나온 사람이 자기와 화해한 사람입니다.

내 이웃과 화해해야 합니다. 내 이웃과 화해하지 않은 사람은 절대 마음의 평화가 없습니다. 하나님은 인간관계를 떠나서 하나님의 모습을 드러내지 않을 때가 많습니다.

가령 아브라함에게 나타난 하나님도 사람의 모습으로 나타나셨습니다. 야곱에게 나타났던 하나님도 사람 모습으로 나타셨습니다.

하나님은 인간관계에서 자기의 모습을 드러내기를 원하십니다. 아무리 주님 앞에 기도해도 화해가 되지 않는 사람은 내가 정말 예수 믿는 사람인가 다시 한번 점검해야 됩니다.

예수님은 영 속에서 자기를 죽이려고 달려드는 사람을 향하여 손을 뻗습니다. 예수님의 그 사랑을 받으셨다면 여러분 주위에서 화해하지 않은 사람이 있으면 안 됩니다. 화해하는 사람이 되어 있을 때 우리는 새 사람이 됩니다.

내 주위에서 서로 화해하지 않는 사람이 1년, 2년, 4년이 지나면 그것이 무엇인 줄 아십니까. 나는 하나님께서 만드신 피조물이 아직 안 되었구나 하고 생각하십시오. 그리고 다시 시작하십시오. 예수님을 새로 영접하는 것, 다시 시작하십시오. 입으로만 해왔기 때문에 내 마음속 깊은 곳에 살아 계신 하나님을 모셨다면 내 주위에 있는 사람과 화해해야 합니다. 그것이 이루어지지 않으면, 화해하지 않고 미워하는 가운데 암을 잡는 경찰 세포는 멀어집니다.

　내가 마음속에 미워하는 마음과 불안한 마음과 사랑하지 못하는 마음이 자랄 때마다 여러분 오늘 밤에는 암세포가 번창하겠구나 하고 생각하십시오. 그럴 때마다 암세포가 늘어갑니다. 마음속에 화해하실 분은 회개하시기 바랍니다.

　두 번째, 새 피조물이 된다는 것은 서로 통합하는 것입니다.

　내가 하나님과 하나가 되는 것입니다. 내가 예수님과 하나가 되는 것입니다. 이제는 누가 내 안에 살아 계시는 것입니까?

　그래서 내가 하나님과 연합됐다 안 됐다는 자기 자신을 돌아보면 됩니다. 주위에 있는 사람들이 우리 교회에서 다른 사람들이 나에게 모함하는 소리, 마음 아픈 소리를 합니다. 그럴 때 "나한테 왜 그래." 하고 말하는 사람은 죽은 사람입니까, 산 사람입니까. 살아 있는 사람입니다.

　내 주위에서 다른 사람들이 나를 핍박할 때, 나쁜 소리 할 때, "하나님 왜 저 사람들이 나에게 그런 말을 하게 되었습니까?" 하고 반문하면서도 나를 한번 다시 돌아보고 과연 내가 그들에게 어떻게 원인을 제공했기에 하고 반성하는 사람이 하나님과 연합된 사람입니다. 예수님과 내가 연합된 증거가 나타나면 그때 그 기쁨이 얼마나 큰지 아십니까.

한번 해봅시다. 나 자신이 살아 있는 사람에게는 마음의 평온이
절대 없습니다. 세상 사람들의 마음속에 평안이 없을 때는 내 삶
을 내 주장대로, 내가 원하는 대로 살려고 하니까 우리 마음에 평
안이 없는 것입니다. 그리고 경찰 세포도 죽어 버립니다.

예수님의 사람은 싸울 필요가 없습니다. 누가 나를 위해서 싸워
주십니까. 예수님, 예수님이 나를 위해 싸워 주십니다.

내 인생 속에서 문제가 생길 때, 사업이 안 될 때, 우리는 무엇
이라 말합니까? '아이쿠 죽겠다.' 하고 말합니다. 내가 살고 있으
니까…….

나에게 문제가 생겼을 때 예수님, 이런 문제가 생겼습니다. 내
가 죽었고 예수님 앞에 연합되었으니 이것은 내 문제가 아닙니다
하고 주님과 대화를 해야 합니다.

그러면 내 몸에서 부신피질 호르몬과 아드레날린이 올라갈 이유
가 없습니다. 내가 하나님과 하나될 때 우리는 새 사람이 됩니다.

이 증거는 내가 죽었다는 것을 깨달으면 됩니다. 내가 새 사람
이 될 때, 내가 하나님 앞에 있을 때 나는 왜 이 세상에 있어야
하는지 목적이 생기게 됩니다. 내 삶에 목적이 생깁니다. 그 사람
은 새로운 용기가 생기고 하나님의 이름으로 살아가는 귀한 사람
입니다.

세 번째, 하나님 앞의 피조물은 부활의 능력이 있다고 합니다.
우리 하나님을 만났을 때 나를 부활시켜 주시고, 내가 죽어서 하

늘나라에 갈 때 부활하게 해주십니다.

우리는 매일매일 부활해야 합니다. 그것이 무엇입니까. 없었던 생명에게 생명을 주시는 것입니다.

내 죽은 몸에서 새 생명을 하나님 앞에 부활의 삶을 사는 것입니다. 부활은 또다른 사람에게 주는 것입니다. 내가 아닌 다른 사람에게 생명을 줄 때 거기서 내 삶의 가치가 있고 다른 사람에게 복을 줄 때, 하나님께서 착한 종아 내가 너를 위해 준비한 것을 다 주겠다고 할 때, 우리에게 새 생명이 분명히 들어가게 될 줄 믿습니다.

우리 크리스천들은 내가 잘 되기 위해서, 잘 먹고 잘 살기 위해서, 하나님께서 불러 주신 것이 아닙니다. 물론 내가 잘 되어야 하겠지요. 그렇지만 아브라함을 부르신 이유가 무엇입니까. "아브라함아 내가 너를 통하여 온 세계가 복을 받게 하겠다." 그것이 하나님이 아브라함을 부르신 이유입니다.

여러분을 하나님의 자녀로 삼으신 이유는 여러분을 통해서 뒤에 있는 사람들이 축복받게 하기 위함입니다.

여러분의 뒤에 있는 사람들이 복을 받기 위해서는 내가 희생을 해야 합니다. 내가 아파야 되고 내가 손해를 봐야 되고, 그럴 때 하나님의 사랑이 여러분의 삶을 통해서 나아가게 됩니다.

믿음이란 4단계가 있습니다.

첫 단계는 의지하는 믿음입니다. 어려울 때 나의 구원을 하나님께 의지해야 합니다. 두 번째는 선택하는 믿음입니다. 예수님의 이름 때문에 내가 손해를 보더라도 예수님의 이름으로 이것을 선택해야 그 때부터 하나님은 저 사람은 내가 쓸 아들 딸이로다 하십니다.

세 번째는 위험을 느끼면서도 신앙을 지키는 사람입니다. 특히 선교사 하시는 분들, 자기의 위험이 있는 것을 알면서도 하시는 분들, 이런 사람들의 믿음은 우리와는 다른 사람들입니다.

아침에 일어나서 하나님께 "이것도 해주시고 저것도 해주시고 다 해주세요." 그러면 하나님께서 그러십니다. "너는 언제쯤 성장하니?"

"하나님, 오늘 예수님의 이름 때문에 어떤 이름을 택하게 해주시옵소서." 하면 그때 하나님께서 얼마나 기뻐하시겠습니까.

이 세상의 안목과 이생의 자랑은 모두 지나가 버리고 마는 것입니다. 신앙과 믿음만이 영원히 남는 생명입니다. 사람의 비위 맞추는 사람 되지 말고 오직 하나님의 비위 맞추는 사람이 됩시다. 죽음은 무엇이 대표합니까. 암이 대표합니다. 내 삶 속에 생명이 솟아나는 사람은 암세포 하나 두 개가 지나가다가 이 솟아나는 생명 때문에 다 타고 없어집니다.

하나님은 그 사람에게 사명이 있기 때문에 암에 걸려도 다시 기적적으로 살려 주실 때도 있습니다.

네 번째, 나의 최대관심이 하나님께 있는 사람, 이런 믿음이 있는 사람은 하나님께서 승리하게 해주십니다.

우리는 내 삶 속에 위험을 택할 수 있는 사람이 되어야 합니다. 그때 비로소 하나님 앞에 새로운 피조물이 되는 것입니다. 그러기 전에는 내가 새 사람이 되었다는 증거가 없습니다.

내가 새 사람이 될 때 우리 몸에서 경찰 세포들은 점점 자라고 있습니다. 내 마음속에 불안과 스트레스를 풀어내는 방법은 새 사람이 되는 것입니다. 주님 안에서 주님과 하나되고 내 삶을 바칠 수 있는 사람이 될 때 하나님의 놀라운 역사가 내 삶 속에 분명히 들어가서 암을 이길 수 있는 능력이 됩니다.

그러기 위해서는 기도해야 합니다. 새벽기도 하시는 분들은 암이나 스트레스가 없습니다. 다른 사람들이나 세상 사람들이 스트레스를 주면 그때 그 일을 해결하려 하지 말고 연기시키고 "새벽기도 때 보자."고 하십시오.

하나님께 '나에게 이런 문제가 있습니다. 나는 이제 죽었으니까 내 문제가 아닙니다. 아버지께서 해결해 주세요.' 하고 기도하십시오.

암에 걸리신 분들의 기도는 '암 고쳐 주세요.'가 아닙니다. 제가 암환자들을 많이 보는데 암에 걸린 분들은 마음에 울분들이 참 많습니다. '하나님이 왜 나에게 이런 병을 주십니까.' 그런 마음을 먼저 고쳐야 합니다. 암을 진료하는 의사는 방사능, 화학요법, 수술을 통해서 100분의 1을 줄일 수는 있지만 나머지는 의학적으로 줄일 수 없습니다.

의사에게 암을 수술하고 치료받는 과정에서 먼저 내가 새 사람이 되려는 기도를 해야 합니다. 즉, 하나님과 화해를 해야 합니다. 남을 미워하는 마음이 있는 가운데에서는 절대 하나님의 역사가 일어나지 않습니다.

그것은 새 사람이 되었다는 증거가 아닙니다. 하나님께 모든 것을 맡겨야 경찰 세포를 길러 주십니다. 그 믿음 가지고 하나님께 기도하고 의사에게 가서 치료 받으십시오.

의사는 암세포를 줄여 주고 환자는 기도하는 가운데 경찰 세포를 막 늘리시면, 그 균형이 딱 맞을 때 완전히 치료가 됩니다. 암에서 제일 문제가 되는 것은 재발입니다. 재발하지 않기 위해서는 새 사람이 되어야 합니다.

하나님께 기도하고 삶의 목적을 분명히 하고 내가 주님을 위해 내 모든 것을 희생하겠다는 마음 갖고, 하나님께 사명을 갖고 일을 하면 재발되지 않습니다.

암에 걸린 분들은 "하나님 내 마음에 온유함이 있습니까, 내 마음에 욕심이 가득 차 있습니까, 이 시간 이후 용서하여 주시옵소서. 그리고 내 마음을 새것으로 부활시켜 주시옵소서. 나를 새 몸으로 부활시켜 주시옵소서. 새 생명으로 부활시켜 주시옵소서. 나의 생각을 주님의 말씀으로 부활시켜 주시옵소서."라고 기도해야 합니다.

능력으로 부활시켜 달라고 기도할 때 놀라운 역사가 일어나리라
고 믿습니다. 이 찬송가 아시지요.

낮엔 해처럼 밤엔 달처럼
그렇게 살 수 없을까

우리 한국의 크리스천들에게 너무나 필요한 찬송입니다.
내 모든 것을 남에게 줄 수 있는 사람이 되고, 내가 얻은 것은
내가 잘 되기 위함보다는 예수님께서 하신 것처럼 다른 사람에게
내 삶을 줄 수 있도록 합시다.

기도원에서 아이들과 함께.

기적은 지금도 일어나고 있습니다

　암을 고치는 데는 기적이 일어나야 합니다. 저를 거쳐간 암환자가 1만 명이 넘었습니다. 그중에 기도하고 고친 암환자도 두 사람을 보았습니다. 하나님께서 고쳐 주십니다. 이적이 필요합니다.

　이적은 지금도 일어납니다. 매일매일 일어나지는 않지만, 그중 병 때문에 주님의 복음이 그 사람에게 들어간다면 결코 암은 그들에게 저주가 아닙니다. 나에게 그 사람들의 아픔이 다가와서 그 아픔 때문에 내가 전도해서 주님의 복음을 받는 사람들은 100이면 100이 그런 말을 합니다. 내가 암에 걸리지 않았다면 나는 절대로 하나님을 만날 수가 없었다고. 교만했고, 부유했고, 나와 내 자식, 돈이 전부였기 때문에……. 절망적인 암에 걸렸기 때문에 모든 것을 포기해야 했고 주님을 만날 수 있게 되었다고…….

　"세상에서 교만하게 자기 맘대로 살다가 예수 모르고 죽는 것보다 일찌감치 암에 걸려서 겸손해지고 온유해지고 깨어져서 닥터 원을 만나게 해서 복음 듣고 천국 가게 되었으니 화가 변하여 복이 되었습니다."

　"나쁜 것을 좋게 하시는 하나님. 그들이 닥터 원을 통하여 어떻게 하든 복음이 들어가서 그들 삶이 꽃피게 하소서. 그래서 그들의 입에서, 그들의 영혼 속에서 감사 감사 감사만 넘쳐나게 한다면 암에 걸려서 닥터 원을 만나서 예수의 복음을 듣게 하셨으니 얼마나 축복된 암입니까."

　많은 환자들의 고백이었습니다. 예수 영접하고 죽으면 그 사람은 하나도 잃은 것이 없습니다. 그렇지만 내가 그들 앞에서 사명을 감당하지 못하면 그 사람은 정말 비참한 사람이 되고 맙니다.

젊은 나이에 암에 걸려서 자기 재산 탕진하고 죽어 버리고 그 영혼까지 잃어 버린다면 그 사람처럼 비참한 사람들이 어디 있겠습니까.

저의 치료를 받고 저를 위해 기도하시던 그 목사님이 손을 들고 예언을 하시면서

"너의 목회지는 여기에서부터다. 너의 목회지는 개업이다. 너의 목회지는 너의 의료사업에서 드러날지어다. 너는 너의 삶 속에서 나타난 예수님을 섬겨라."

하셨을 때 그런 마음을 내게로 주셨습니다.

그때 내가 결심했습니다. 하나님 내가 목사가 될 때까지, 될 수 있는 마음을 드릴 때까지, 하나님께서 저를 다른 자리로 옮기실 때까지 이 자리를, 암환자를 다스리는, 환자를 만나는, 치료하는 이 자리를 나의 목회지로 생각하겠습니다. 그러면서 저는 저의 환자를 섬기기로 약속했습니다.

사랑하는 여러분, 하나님께서 오늘, 아니 지금 여러분을 부르십니다. 내가 서려고 할 때마다, 내 목이 곧아지려고 할 때마다 하나님께서는 우리를 꺾어 버리십니다.

암을 예방하려면

　나의 전문분야는 유방암과 임파선암입니다. 미국 여성 아홉 명 중 한 명은 유방암 환자일 정도로 유방암의 심각성에 대해서 우선 말하고 싶습니다.

　먼저 음식의 영향이 대단히 큽니다. 동물성지방을 많이 섭취하면 유방암에 걸리기가 쉽습니다. 유방암의 원인은 여성호르몬의 약화인데 지방이 많아지면 여성호르몬인 에스트로겐의 수치가 떨어지게 됩니다. 그 결과로 유방암에 걸리는 것입니다.

　채식이나 생선을 많이 먹는 일본이나 한국의 여성들의 경우 유방암이 발생하는 경우는 미국이나 구라파 여성에 비하면 훨씬 적은 숫자입니다. 그러나 일본이나 한국 여성이 미국에 와서 살게 되면 유방암에 걸리기 쉽습니다.

　30세가 지난 여성은 일 년에 한 번 유방암의 정기검진을 받는 것이 좋으며, 40대~50대 여성들은 한 달에 한 번 검사를 받는 것이 유방암 예방에 도움이 됩니다.

　그렇다면 유방암뿐 아니라 현대인을 위협하고 있는 갖가지 암을 물리칠 방법은 없을까 본격적으로 생각해 봅시다.

　우리 몸의 피는 4개월에 한번씩 다 바뀝니다. 뿐만 아니라 우리가 매운 것을 많이 먹어 장내의 세포를 끌어내리면 3일 만에 새로운 세포로 변하고 우리의 살 역시 아무리 나이가 들어도 계속해서 새로운 세포가 자라고 위의 것은 다 떨어져 나갑니다. 따라서 목욕탕에 가서 피부를 세게 문지르면 세포까지 떨어져 건강에 오히려 해를 주게 됩니다. 그런데 놀라운 것은 우리 몸의 세포가 매일 만들어지는 과정 속에 암세포도 함께 자란다는 사실입니다.

우리가 알든 모르든 매일 5~6개의 암세포가 자라고 있습니다. 그렇다고 지나친 걱정은 건강에 해롭습니다. 우리 몸에는 '림프계'라는 것이 있는데 바로 이것이 우리 몸을 돌아다니면서 암세포를 없애 줍니다.

'림프계'가 낮아져서 암세포와의 싸움에서 지면 그때 비로소 암이 발생하게 됩니다. 이 같은 이유 때문에 암을 고치기보다는 암을 예방하는 일에 더욱 신경을 기울여야 합니다.

암의 발병 원인에 대해서는 여러 가지가 있습니다. 제2차 세계대전 때 원자폭탄의 후유증으로 암이 많이 발병되었다는 연구보고도 있으나, 의학적으로 사람에게 증명된 암의 원인은 한 가지밖에 없습니다. 바로 담배입니다.

미국 전체 암의 원인은 25퍼센트가 담배입니다. 나는 병원에 새로운 암환자가 올 때 담배를 피우려면 오지 말라고 말하고 아예 받지도 않습니다. 폐암의 원인은 절대 100퍼센트 담배가 원인이 됩니다.

담배로 인해 잘 걸리는 암은 구강암, 식도암, 방광암, 코 뒤에 생기는 암 등이라고 손꼽을 수 있습니다.

특히 담배는 아이들에게 큰 문제입니다. 어린아이들의 폐는 너무 연약하며 솜처럼 부드러워서 담배연기 한 모금만 들어가도 폐의 색깔이 금세 확 변해 버립니다.

우리 가족 중에 담배를 피우는 사람이 있으면 방을 따로 내어 주든지, 아니면 밖에서만 피게 하든지 하는 특별한 대책이 필요합니다.

한편 담배에 술까지 곁들일 경우에는 상승효과를 가져와서 암의 발생을 더욱 도와 줍니다. 술 그 자체는 발암물질은 아니지만 암을 크게 키우는 촉발인자로 작용할 수 있습니다. 식도암과 후두암은 담배만으로 쉽게 걸리지는 않습니다. 술을 더하면 100퍼센트 걸립니다.

술과 담배만 끊으면 암의 40퍼센트는 예방할 수 있다는 사실을 명심하십시오.

저는 오전 7시 30분에 병원에 출근해서 하루 40여 명의 환자와 만납니다. 환자 한 명당 진료시간은 대개 30분, 초진인 경우는 한 시간 반을 사용합니다. 한국에서는 유명한 의사일수록 진료시간이 5분을 넘기지 않고 심지어 다섯 명을 한꺼번에 보기도 하는데, 우리 나라와는 의료환경이 퍽 다릅니다.

병은 신체의 상태만 가지고는 치료할 수 없습니다. 그 사람의 살아온 환경과 인생을 전부 알아야 좀더 정확한 치료에 접근할 수 있습니다. 그래서 저는 환자와 오랫동안 얘기하는 과정을 중요하게 생각합니다.

아내와 함께 기도원 거실에서.

아가페 모임

나는 금요일 저녁마다 한인 연합 감리교회에서 '아가페'라는 모임을 인도하고 있습니다. 약 40명에 이르는 구성원들은 대부분 인텔리 계층의 청·장년으로 함께 모여 기도하고 찬송하는 일을 즐겨하고 있습니다. 나는 성경공부를 인도하는 가운데 특별히 병자들에게 관심을 많이 가지는데 이 모임의 일원인 이기수 씨가 투병하는 동안 늘 안타까워했습니다. 이 간증은 이기수 씨가 하늘나라에 가기 전에 쓴 것으로 현지 신문에 실렸던 내용입니다.

"두려워 말라 내가 너와 함께 하리니."

저는 언제나 기독교에 관한 이야기가 시작되었다 하면 상대방이 말을 이어가지 못하도록 반대의견을 제시하곤 했습니다. 책을 읽다가도 종교적인 구절이 나오면 그냥 지나쳐 버리거나 덮어 버릴 정도였습니다.

그런데 제가 미국에 와서 교회에 다니게 된 이유는 사람들을 만나기 위해서였습니다. 한인들을 많이 만날 수 있는 것은 좋지만 예배는 따분하기 그지 없었습니다.

그러던 어느 날 저는 도저히 믿기지 않는 현실 앞에 놓이게 되었습니다. 암에 걸린 것입니다. 병이 나자 서서히 내 마음이 약해지기 시작했습니다. 가장 먼저 떠오른 생각은 다름아닌 과거에 내가 지은 죄가 많다는 것이었습니다. 하나님의 말씀을 제대로 알지도 못하면서 비판을 일삼아 왔던 죄. 하지만 곧 깨달을 수 있었습니다. 하나님께서는 무서운 병을 통하여 주님을 알게 하시고 또 이렇게 영광돌리며 구원받게 해주시려는 것으로 믿습니다.

지난 여름, 모처럼 귀국을 하여 아는 형님을 만났습니다. 그분께서 저에게 안색이 좋지 않다며 검사를 받아보라는 것이었습니다. 당시에는 그저 위에 염증이 조금 있는 것으로 알았습니다. 그래서 약 2개월간 약을 복용하고 미국에 돌아오기 직전에 내시경을 통해 위의 상태를 확인하고자 하였습니다. 결과는 암이라는, 상상치도 못한 충격이었습니다. 맨 먼저 억울하다는 생각이 들었습니다. 앞으로 해야 할 일, 하고 싶은 일이 수없이 많은데…….

이제 시작이라고 생각했는데 제게 죽음의 병이라니, 몇 날 며칠을 잠 못 이루며 몸부림쳐야 했습니다. 하나님, 제게 무슨 큰 죄가 있기에, 무슨 잘못을 했기에 이렇게 무서운 병을 주십니까. 왜입니까. 참회하기보다는 하나님께 대항하며 따졌습니다. 마음이 조금 진정된 후에 미국에서도 진찰을 받아 보고 향후 결정을 하기로 하였지만 보험도 없고 아는 의사도 없이 속만 태우고 있었습니다.

다행히 교회를 통해서 암 전문의사인 원종수 권사님을 알게 되었습니다. 원 권사님께 진찰을 받은 결과 암이 상당히 많이 퍼져

디트로이트 연합 감리교회에서 청소년을 지도하고 있다.

있어 힘들겠다는 절망적인 결과가 나왔습니다. 그러나 저는 수술대에 오르기까지는 이 사실을 모르고 한국인 의사가 알려 준대로 초기암인 줄 알았습니다. 그날 수술담당 중국인 의사가 암이 다른 부위에 퍼져서 이를 부분적으로 잘라낼지 전부를 들어낼지, 아니면 그냥 덮을지 모른다고 말해 주었습니다. 공포로 떨고 있던 내게 또 한번의 큰 충격이었습니다. 두려움으로 온몸에 전율이 일었습니다. 바로 이때 저 깊은 곳에서 들리는 하나님의 음성이 있었습니다. "내가 너와 함께 하리니 두려워 말라."

◆
기적은 지금도 일어나고 있습니다

그 음성을 들은 후 마음이 평온해지는 가운데 점차 의식을 잃었습니다. 수술 후에 병상에서 아무 의욕도 없이 시간을 보낼 때, 기침을 많이 하는 노인이나 교통사고로 다리가 부러진 분들이 그렇게 부러울 수가 없었습니다. 3일이 지나면서부터 우리 교회 성도님들의 말씀과 기도가 들리기 시작하면서 저는 새로운 희망과 힘을 얻기 시작했습니다.

'그래, 주님 믿고 의지하여 나을 수 있다는 희망을 가지고 견뎌 보자.'

여러분들이 제게 힘을 주었습니다. 퇴원하고 나서는 많은 성도님께서 어루만져 주시며 이런 말씀을 하였습니다. "우리 기도로써 이기수 성도를 살려 디트로이트의 산증인으로 만들자. 이기수를 통해 하나님께 영광돌려야 한다."고 하였습니다.

한동안은 제 자신이 믿음이 없어서 감당하기 힘들었습니다. 그러나 다른 한편으로는 저 많은 성도님들이 보잘것없는 이 병든 몸을 위해 희생하고 사랑을 나누고 기도해 주는데, 제가 할 수 있는 일이 과연 무엇일까 하고 생각해 보았습니다. 이제까지 하나님을 모르고 남을 사랑할 줄 모르고 내 것만 챙기던 못된 마음이 점차 움직이기 시작했습니다. 제 인생이 얼마나 될지는 모르지만 새로운 것을 추구하고 사랑을 나누며, 나보다 못한 위치에 처한 이를 위로할 수 있으며 기도해 줄 수 있기를 바랐습니다.

그러자 작은 일에도 감사할 수 있는 조그만 마음이 싹트기 시작했습니다. 게다가 목사님 앞에서 회개의 눈물이 흐르기 시작했습니다. 이제는 참예수의 사람이 되기 위해 노력하겠노라고 맹세까지 하였습니다.

저에게 믿음이 싹트기 전까지만 해도 세상의 삶이란 그저 남에게 해 끼치지 않고 성실하게 살면 참된 것인 줄 착각하였습니다. 어느 날 원종수 권사님이 인도하시는 아가페 성경공부에서 인간은 누구에게든지 죄가 있는데 그것을 원죄라 하며, 예수께서 우리의 죄로 인해 십자가에 못 박혀 죽으심으로 우리는 죄사함을 받고 구원을 얻는다는 말씀을 들었을 때였습니다.

그래 맞다. 나 자신은 죄 짓지 않고 살았다고 말하지만 하루에도 얼마나 많은 죄를 짓고 사는가. 질투하고 시기하고 곁눈질하고 또 마음에 얼마나 많은 흑심을 품으며 죄 짓고 있는가. 이 많은 죄를 하나님 앞에 매일 회개해야 한다는 것을 깨달았습니다.

저는 병으로 인해서 내 인생을 바꾸어 놓을 만큼 중요한 몇 분을 만났습니다. 그중의 한 분이 원종수 권사님의 어머니이신 김철례 권사님이십니다. 김 권사님을 통해 귀한 신앙체험을 하였으며 하나님이 주신 권능을 아무 부담없이 맞이할 수 있었습니다.

새로운 믿음 생활을 세워가는 데도 시험에 들고 주님을 의심하게 되는 때가 많았습니다. 때로는 세상일에 너무 신경을 쓰고 몸에 이상이 있거나 몸무게가 줄거나 할 때에는 어김없이 의심하게 되는 것이었습니다. 그런 때에는 목사님께서 제게 "의심하지 마라, 너의 믿음대로 될지어다."라고 강한 믿음을 가지고 밀고 나가야 한다고 말씀을 주시기도 하였습니다.

한번은 '시한부 인생'이라는 표현을 썼다가 그것은 우리 믿는 사람에게는 적절한 표현이 아니라는 말씀을 들은 때가 있었습니다. 하나님께 모든 것을 맡기고 의지하고 기도하며 담대히 싸워 승리하라고 목사님은 말씀해 주셨습니다.

이 모든 것들이 하나님의 뜻이라고, 하나님께 회개도 했습니다만 개인적으로 감당키 어려운 인간적인 괴로움이었습니다. 그러나 이제 신앙인으로 하나님께 의지하고 사는 동안 세상일에는 집착하지 않겠노라고 다짐했습니다.

또한 지난 아가페 철야 예배 때에는 '하나님 아버지, 내가 오늘 육체의 죽음이 온다 할지라도 행복하게 주님의 곁에 있게 도와 주세요.'라고 간구하였고 '지금 당장 내 인생의 끝이 온다 할지라도 내 몸을 하나님 앞에 바치고 내 영혼이 주님의 곁으로 간다면 얼마나 성스러울까.' 하고 생각하였습니다.

지금도 저는 이름도 성도 모르는 성도님들이 모이는 곳에서 들려오는 기도 소리에 가슴이 뜨거워집니다. '하나님께서 저의 죄 많음을 벌 주시고, 병 주시고, 많은 사랑을 받게 해주신 데 대해서 감사드리며 이 영광 하나님 아버지께서 받아주소서.'라고 기도드립니다.

끝으로 이 자리를 빌어 저의 정신적 지주이며 항상 기도해 주시는 목사님께 감사드립니다. 또 개인적으로 저의 의사요, 영적 신앙인으로 많은 도움과 베품 주시는 원종수 권사님과 성도 여러분의 기도 소리를 듣고 있습니다. 제가 할 수 있는 일이란 단지 하나님께 모든 일을 맡기며 의지하고 기도하며 담대히 싸워 승리하는 것입니다.

저의 삶이 하나님의 뜻에 의해 거두어진다면 혼신의 노력을 다하겠습니다. 감사합니다.

이기수 드림

나는 매일 그를 심방하고 혼신의 힘을 다하여 기도하였습니다. 병을 통해 하나님을 확실히 깨닫게 된 이기수 씨의 투병기간은 모든 교인들의 가슴을 촉촉히 적시게 했습니다.

이기수 씨는 이 간증문이 실리는 것을 보지 못한 채 30대 초반의 빛나는 나이에 하나님 품에 안겼습니다. 이기수 씨는 매일 어머니에게 전화를 하여 꺼져가는 목소리로 "권사님, 아파요. 기도해 주세요." 하고 간청했습니다.

어머니는 젊은 영혼이 안타까워 그 때마다 눈물을 흘리시면서 기도해 주셨습니다. 이기수 씨가 마지막으로 어머니에게 전화를 걸었을 때 그는 "권사님, 저 지금 병원에 가요."라고 말했습니다. 그게 마지막이었습니다. 나는 그 젊은이의 죽음에 가슴이 저

려와 한동안 침울해졌습니다.

　우리에게 태어나는 순서는 있지만 세상을 떠나는 순서는 정해지지 않았습니다. 언제 떠날지 알 수가 없습니다. 언제 주님이 부르실지 알 수 없는 일입니다. 세상에서 영원히 살 것처럼 세상 재물, 명예, 권세에 연연하는 이들을 볼 때면 그들의 어리석음에 가슴이 아픕니다. 순간순간 하나님이 원하시는 삶을 사는 것이 가장 현명한 일입니다.

　나는 특별히 많은 암환자를 만나 보았습니다. 평소에 믿음이 굳건하던 사람도 막상 암 선고를 받으면 좌절과 절망으로 혼돈 상태에 빠지고 맙니다. 평소 믿음의 씨를 뿌리고 깨어 기도하여 단련하면 아무리 큰 절망 앞에 서더라도 하늘나라의 소망 안에서 마음이 평온하여집니다.

　나는 수많은 암환자들의 임종을 지켜보면서 주님을 알게 된 것을 더욱더 감사하게 됩니다. 그 나라를 위해서 준비하고 하나님의 원하시는 사람이 되라고 항상 우리에게 일러 주시는 어머님의 가르침이 더욱 생각나게 됩니다.

　그래도 암에 걸리면 마지막을 준비할 수 있는 여유를 가질 수 있다는 점에서 감사해야 합니다. 수많은 사람들이 교통사고 등으로 순간적으로 목숨을 잃는 경우가 허다하지 않습니까. 매일매일을 마지막으로 생각하고 살 수 있는 지혜가 있다면 누구나 멋있는 죽음을 맞이할 수 있을 것입니다. 길어야 팔십인 목숨을

위해 온 정성을 기울이면서도 영원히 죽지 않는 영혼에 대해서
는 무관심하지나 않은지 한번 돌이켜볼 일입니다.

사랑하는 가족들(좌측 끝이 어머니 김철례 권사).

오늘은 어떤 환자를 붙여 주시겠습니까

내가 일하고 있던 병원은 포드회사 세계총본부가 있는 데에서 두 블럭 정도 떨어진 곳에 있었습니다.

어느 날 포드회사의 중역인 제임스 커스라는 분이 찾아왔습니다. 진찰해 보니 임파선암이었습니다. 웬일인지 전도하고 싶은 마음이 다른 사람보다 더 강하게 일었습니다. 너무 급했던 것 같습니다. 공공병원에서 전도하다가 쫓겨날지도 모르는데 아무튼 위험을 무릅쓰고 만날 때마다 "예수 믿으세요." 하고 증거했지만, 받아들이지를 않았습니다.

예수님 믿으라고 말하면 "내가 왜? 왜? 믿어야 합니까? 나는 가진 것도 많고 가족들과 친구들에게 나쁜 일 한 적도 없고 예수 믿을 필요가 없다."고 말하더군요. 세 번, 네 번 전도해도 받아들이려고 하지 않았습니다.

의사들 말에 의하면 오하이오의 톨레도 병원에서 한국 의사 한 분이 예수님을 증거하다가 해고된 적이 있다고 했습니다.

이 병원(대학병원)도 기독교 재단 병원이 아닌데 예수를 전도하다가 쫓겨날지도 모른다고 하자 슬그머니 불안한 생각도 스쳐갔습니다.

제임스는 사회에 영향력 있는 사람이었습니다. 언제나 대화 끝에 "저쪽 방에 좀 가실까요." 하고 말하면 다음에 하자고 미뤘습니다. 왜냐하면, 다른 방에 가서는 제가 기도를 드렸거든요.

얼마 동안은 호전되는 것 같았습니다. 그런데 어느 날 갑자기

임파선암이 재발되어서 응급실을 통해 들어왔습니다. 뇌에도 암이 퍼졌고, 이미 늦어버려 회복하기 힘든 사람이 되었습니다.

입원을 시키고 인턴, 레지던트, 간호사들 그리고 보호자들과는 제임스가 이제는 가망이 없으니까 편안하게 마지막을 보내게 하자고 의견이 일치가 되었습니다.

입원한 지 사흘 되던 날 갑자기 제임스가 정신이 돌아왔습니다. 정신이 돌아온 제임스는 옆에 있던 부인과 아들 딸들에게 저를 좀 만나게 해달라고 부탁을 했습니다.

제임스를 만나서 기분이 어떠냐고 묻고 의사로서 필요한 사항들에 대해서 대화를 하고 막 돌아나오려는데, 내 머릿속에서 이런 생각이 났습니다.

'이 사람에게 다시 전도해 볼까.'

해볼 만큼 했기 때문에 이젠 포기하려고도 생각했었습니다. 전도하다가 문제가 되면 어떻게 하나 하고 불안하기도 했습니다.

제임스 곁에는 보호자도 있고 간호사들도, 인턴, 레지던트도 있는데 공공연하게 전도하다가 문제가 생기면 어쩌나 슬그머니 불안해지기 시작했습니다. 짧은 시간에 여러 가지 생각들이 교차되고 망설이고 있는 순간, 어디에서 '피' 하면서 하나님의 음성이 들렸습니다.

"내가 네 손에서 피를 찾으리라."

'하나님 아버지, 내가 제임스 커스에게 여러번 전도하고 예수님

을 전하였으나 받아들이지 않았어요. 저에게는 이제 책임이 없지 않습니까.'

하나님께서는 내게 다시 부탁하셨습니다.

"오늘 네가 다시 제임스에게 예수를 증거하지 않으면 네 손에서 예수의 피를 찾으리라."

내 손에서 제임스 커스의 뚝뚝 떨어지는 피를 찾겠다고 하셨습니다.

'하나님, 이 병원은 기독교 병원도 아닙니다. 예수님 증거하다가 쫓겨날지도 모릅니다. 개인 병원이라면 하겠습니다만…… 그리고 다섯 번 이상이나 전도했습니다만 그래도 안 받아들이는데 왜 내가 또 해야 합니까.'

"아니야, 나는 아직도 그 영혼을 사랑한다. 뭘 하니 시간이 얼마 안 남았는데……"

그때 내 마음은 착잡했습니다. 제임스가 나에게 왜 나에게 예수님을 증거하지 않았느냐. 왜 나를 영원히 죽였소. 왜 나에게 영원한 생명을 주지 않았소 하고 물으면 나는 거기에 대해 대답을 해야 되는데…….

내가 만일 제임스 커스에게 복음을 증거하다가 일자리를 잃거나 또는 의사일을 하지 못하게 된다면…….

그렇게 되면 하늘나라에 가서는 예수님을 향해서 막 뛰어갈 수 있을 것 같았습니다. 예수님 저 기억하시지요. 내가 일자리를 잃어가면서 예수님을 증거했습니다. 순교란 이런 것도 되겠지.

짧은 시간에 많은 생각들이 지나갔습니다. 내가 무엇을 택할 것인가 왔다갔다 갈등했습니다.

내가 지금 잘살 것인가. 아니면 하늘나라에서 영원한 상급을 택할 것인가, 왜 제임스 커스가 나에게 왔는가 하는 원망도 스쳐갔지만, 내 마음에 결정을 했습니다.

의사 그만두라면 그만두지. 죽으면 살리라. 병원을 그만둘 생각까지 하면서 제임스 커스에게 다시 가기로 마음 먹었습니다.

다시 제임스 커스의 병상 앞에 다가서서 손을 꼭 잡았습니다.

"제임스, 당신 나를 기억하십니까."

"예스, 닥터 원."

"제임스, 이제 당신의 목숨은 이 세상에서 하루나 이틀밖에 남지 않았습니다. 하나님께서 당신을 향하여 뜨거운 사랑을 아직도 베풀고 계십니다. 내가 당신에게 예수의 보혈의 피를 증거한 것 기억하고 계십니까?"

제임스가 눈물 어린 얼굴로 끄덕거렸습니다. 기억하고 있다고……

"이제 예수의 피를 아낌없이 주신 예수님을 구주로 영접하겠습니까? 당신은 이 시간 당신의 세상에서의 삶이 끝날 때 갈 곳이 준비되었습니까?"

그때 제임스는 고개를 저으면서 "나는 내가 어디로 가야 하는지 모릅니다."라고 대답했습니다.

그래서 제임스의 손을 꼭 붙잡고 "아직 늦지 않았습니다. 지금 예수의 보혈의 피를 믿으면 예수님이 아직도 당신을 기다리고 계십니다." 하면서 내 손을 꼭잡고 나를 따라서 같이 기도하자고 했습니다.

예수님께서 그를 향하신 구원의 역사를, 보혈의 피를 받아들이라고 간절히 말씀을 전했습니다.

그랬더니 제임스가 눈물을 흘리기 시작했습니다.

"닥터 원, 맞아요. 닥터 원 말이 맞아요. 내 마음은 답답했었고 안타까웠어요. 나는 내가 죄인이라는 것을 이제 알았어요. 예수님의 보혈의 피를 믿고 영접하기를 원합니다. 예수님을 나의 구주로 영접하기를 원합니다."

통증이 오는 것을 참으면서 제임스는 내 손을 잡고 기도하기 시작했습니다.

"하나님, 나는 죄인입니다. 어디서 와서 어디로 가는지 나는 알지 못하고 내 멋대로 살았습니다. 나는 죄인입니다. 이 시간 예수님 영접하고 하나님의 사람되기를 원합니다."

눈물을 흘리면서 시인했습니다. 따라했습니다. 뇌의 암 때문에 언어에도 장애가 있어 잘 따라하지도 못하면서 더듬더듬 따라했습니다.

"예수님의 이름으로 기도합니다. 아멘." 하면서 눈물을 하염없이 흘렀습니다. 그 순간 죽음에 대한 두려움과 가족들에 대한 걱정 근심이 그의 얼굴에서 깨끗이 사라졌습니다. 주님이 주시는 평안한 모습으로 변해 버렸습니다.

밝은 얼굴로 내 손을 잡으면서 "닥터 원 탱큐 탱큐. 닥터 원이 아니었다면 저는 예수님을 영영 몰랐을 겁니다." 하고 기뻐했습니다.

그의 부인과 자녀들도 저를 붙들고 감사하다고 몇 번이나 되풀이 했습니다. 물론 병원에서는 아무 일도 일어나지 않았습니다.

그리고 제임스에게 이렇게 말했습니다. "당신은 나보다 먼저 갈 텐데 나도 곧 따라갈 것입니다. 그때 당신 나를 보면 기뻐하겠습니까?" 그랬더니 제임스의 말이 물론 당신을 문 앞에서 기다리고 있을지도 모르겠다고 하면서 얼굴에 평화로운 웃음을 띠었습니다.

"굿바이." 하고 돌아서는데 마지막 숨을 크게 쉬고는 죽었습니다.

그 장면을 보고서는 내가 얼마나 감사했는지 모릅니다. 성령님께서 부탁하신 이 복음을 증거하지 않았다면 제임스는 영원히 멸망의 길로 갔을지 모릅니다.

나의 조그마한 순종이 하나님께서 그토록 애타게 기다리시고 사랑하는 제임스의 영혼을 건지신 것입니다.

'예수님의 십자가의 법칙이, 그 도리가 나의 조그마한 삶을 통하여 그에게 전해졌다면 하나님 아버지, 내가 직장을 잃어도 하나

님께 감사하겠나이다.'

그 자리에 있던 인턴, 레지던트, 간호사, 보호자 한 사람이라도 병원에 고발하였다면 저는 일자리를 잃었을 터인데 아무런 일이 일어나지 않았습니다. 물론 가족들도 모두 예수 믿기로 했습니다. 저는 죽으면 죽으리라는 믿음으로 말씀을 전했습니다.

아내 민윤식 집사는 음악을 전공한 훌륭한 내조자이다.

암보다 영혼을 치료하고 싶어요

어느 날 비비언 밀러라는 암환자가 수소문해서 저를 찾아왔습니다. 그는 예수를 믿지 않는 사람이었습니다. 몸이 형편없이 야위었고 암세포가 온 전신에 퍼져 있었습니다. 매우 고통스러워했고, 여러 가지 약을 쓰고 치료를 했지만 병은 더욱 악화되고 있었습니다.

그때 내 마음에 비비언 밀러의 영혼을 구원해야겠다는 생각이 불현듯 일어났습니다.

진찰실에서 비비언 밀러에게 질문을 했습니다.

"비비언, 지금 죽으면 천국에 갈 수 있습니까?"

"글쎄, 아마……."

당황했습니다. 얼굴이 상기되면서.

"나는 교회에 가기 원하니까……."

"그걸로 충분하지 않습니다. 만일 오늘 저녁에 죽는다면?"

"자신이 없어요."

저는 간절히, 그리고 절실하게 복음을 들려 주었습니다. 물론 환자에게 양해를 구해가지고.

"예수님의 보혈의 피 이외에는 당신을 천국에 데려갈 방법이 없습니다."라고 말해 주었습니다.

그리고 비비언 밀러를 치료하는 틈틈이 미국 목사를 소개해서 석 달 후에 세례를 받게 했습니다.

보통 침례할 때 강단 뒤에서 물에 들어가게 하는 의식을 치르는데, 비비언은 항암 주사로 인해서 머리가 다 빠져서 가발을 쓰고 다녔습니다. 물론 그 가발을 벗고 침례를 받아야 했습니다. 가발을 벗고 물에 들어가는 비비언의 얼굴을 보니 얼마나 거룩하고 아름다운지 전혀 흉하지가 않았습니다.

비비언은 목사님의 요청에 의해서 간증을 했습니다.

"만약에 내가 암에 걸리지 않았다면 닥터 원을 만나지 못했을 것입니다. 그랬다면 내 영혼은 영원히 구원받지 못했을 거예요."

약 2천여 명 정도의 모든 교인들이 모여 있던 그 곳은 완전히 울음바다가 되었습니다. 비비언의 가족 일곱 명도 그날 예수님을 영접했습니다.

그로부터 석 달 후에 비비언은 죽었습니다. 가족들은 비비언이 첫 열매가 되어 구원받았다고 너무 기뻐했습니다.

하나님께서는 저를 그렇게 사용하셨습니다. 제가 하나님 나라에 가면 제가 전도한 사람들이 저의 열매가 될 것입니다.

한번은 제가 사무실에서 화학약품을 만지고 있는데 간호사가 약품을 잘못 건드려서 그 약이 엎질러지면서 간호사의 손에 쏟아졌습니다. 그 약은 '에드리아 아이신'이라는 약인데 그 약은 살에 조그만 묻어도 살이 썩어 들어갈 정도로 강한 약이었습니다. 그런데 그 약이 손에 쏟아졌으니 손이 어떻게 되었겠습니까. 더구나 그 간호사는 왼손잡이인데 왼손이 그렇게 되었습니다. 손의 뼈가 훤하게 보일 정도로 살이 없어졌습니다. 저는 그 간호사가 너무 불쌍하여 집으로 돌아온 후에도 계속 기도했습니다.

새벽에 일어나 하나님 앞에 엎드렸습니다.

'하나님, 어떻게 그런 일이 제 사무실에서 일어날 수 있습니까?' 그러고 나서 "나 손 높이 드네, 나 손 높이 드네"라고 찬송을 시작했습니다.

그런데 "주님 사랑해요."가 안 나오고 "주님, 도와주세요. 도와주세요."라는 말만 계속 나오는 것이었습니다. 그때 갑자기 지혜가 떠올랐습니다. '하나님께 살살 매달릴 것이 아니라 떼를 써야겠다.'라는 생각이 들었습니다. 그래서 "하나님, 제임스 커스 기억 나세요? 또 비비언 밀러 기억 나세요? 하나님께서 그렇게 원하시던 일 제가 해드렸잖습니까. 하나님 이것만은 도와 주셔야 됩니다."라고 간청했습니다.

결과로 처음에 간호사를 외과 의사에게 보였을 때는 손을 잘라야 한다고 했는데 제가 그날 새벽에 "나의 영을 어렵게 하는 사탄아, 악한 마귀야, 예수 이름으로 묶음을 받을지어다. 하나님께서 나에게 승리를 주신다."라고 기도했을 때 간호사의 손에 새 살이 돋아나온 것을 보았습니다.

제가 정말로 확실하게 믿는 것 한 가지는, 일단 전도를 해놓으면 하나님께 떳떳이 따질 수 있는 기회가 주어진다는 사실입니다. 나는 그 동안 비비언 밀러, 제임스 커스, 리차드 잔슨, 올빙 그랜

차드 등 전도한 많은 사람들이 있었기 때문에 기도할 때 하나님께 간청할 수가 있는 것입니다.

하나님께서는 저에게 손해보는 일은 없게 하셨습니다. 그 후로는 환자를 진료할 때마다 차트에 표시를 했습니다. 이 환자에게 예수님에 대한 질문을 던졌는가에 대한 유무를 표시합니다. 성령님에 의해 마음에 준비되고 성령님께서 천사를 통해서 마음을 부드럽게 해줄 사람을 알려 주십시오.

시간만 있으면 이런 방법 저런 방법으로 환자들 혹은 의사 동료들에게 전도할 기회만 찾았습니다. 언제나 새로운 환자가 오면 먼저 기도합니다. 계속 치료받으러 오는 환자에게는 말씀을 가르칩니다.

어떤 때는 요한복음 1장에서 10장까지 읽어 오라고도 합니다. 다음에 환자가 오면 말씀을 읽었는지 안 읽었는지 체크도 합니다.

내가 제일 기뻐하고 듣기 좋은 말은 환자들의 입에서 "암에 걸리게 해준 하나님께 감사합니다." 하는 말을 듣는 것입니다.

악한 마귀 사탄 귀신들이 암을 이용해서 사람들을 쓸어가려고 합니다. 최고로 낙심하게 해서 넘어지게 하고 정신 없이 지옥으로 쓸어가려고 합니다.

그러나 오히려 그 암 때문에 영원한 생명을 얻게 된다면 그것이야말로 하나님 앞에서 가장 크게 기뻐하고 감사하게 되는 것이고, 사탄에게서의 역전승이 됩니다.

"너희가 하나님의 성전인 것과 하나님의 성령이 너희 안에 거하시는 것을 알지 못하느뇨 누구든지 하나님의 성전을 더럽히면 하나님이 그 사람을 멸하시리라"(고전 3:16~17)

우리가 병에 걸려 하나님이 우리에게 주신 사명을 감당해야 할 시간을 갖지 못하고 먼저 죽는 것은 이유가 있다고 생각합니다.

우리의 거룩한 성전인 육체를 통하여 하나님께서 계획하시고 원하시는 일을 사탄이 방해하기 때문입니다. 우리의 육체가 연약해지고 문제가 닥치면 영적인 문제가 대두될 수 있습니다.

"하나님이 세상을 이처럼 사랑하사 독생자를 주셨으니 이는 저를 믿는 자마다 멸망치 않고 영생을 얻게 하려 하심이니라"(요 3:16)

이 말씀이 우리의 영혼을 구하는 내용이라면 앞에서의 말씀은 우리의 육체를 구하는 내용입니다.

의학적으로 암은 목적도 없이 끝도 없이 자라는 세포입니다. 우리의 육체는 어느 정도 자라면 성장이 멈추게 되어 있습니다. 어릴 때의 왕성한 세포분열이 차차 그 활동을 자제하게 되는 것입니다.

그런데 암은 바로 이 창조의 질서가 파괴되어 밑도 끝도 없이

◆
기적은 지금도 일어나고 있습니다

자라기만 합니다. 결국은 그 암을 갖고 있는 육체는 죽고 맙니다. 물론 그 때는 암도 같이 죽습니다. 마귀와 같은 이치입니다.

마귀가 인간의 영을 가로채어 세상에서 목적도 없이 끝도 없이 방황하도록 하다가 자신이 지옥 갈 때에 그 인간의 영혼을 데리고 가는 것과 같습니다.

현미경으로 일반 세포를 보면 분주히 자신의 일을 질서 있게 하는 모습을 볼 수 있습니다. 참 예쁩니다. 심장은 열심히 뛰어 주고 폐는 산소를 받아들이고 피는 산소를 부지런히 운반합니다.

암은 정반대입니다. 우선 핵도 일반 세포보다 몹시 커서 징그러운데다가 전체적인 모양도 들쭉날쭉 끔찍합니다. 이 세포들을 현미경으로 보면 '아, 정말 암은 마귀와 똑같구나.'라는 생각이 듭니다.

마귀가 생각하고 행동하는 것이 바로 이 암세포와 동일하게 느껴지는 것입니다. 질서 없이 자라며 혈관이 가는 길을 차단시키고 자신에게 끌어들입니다. 그리고 좋은 혈관들이 살 수 없게 만들어서 결국 다른 세포를 죽이고 맙니다.

우리의 몸은 나이가 들면서 점점 그 활동이 겉으로 나타나지 않으므로 둔해지거나 멈추었다고 생각하기 쉽습니다. 그러나 그것은 크게 잘못된 생각입니다. 겉으로 성장속도가 나타나지 않아도 우리 몸은 이 순간도 열심히 활동하고 있습니다.

우리 몸의 피는 120일 만에 한 번씩 바뀝니다. 넉 달 전 우리 몸에 흐르던 피는 이미 없어집니다. 어떤 이는 하나님이 우리를 위해 무엇을 하시나 하는 의혹도 있는데, 이 사실을 생각하면 감사가 넘칩니다.

그러나 암세포 하나가 X-ray에 찍혀서 발견되려면 평균 5∼7년이 걸려야 발견되는 맹점이 있습니다. 자신의 육체가 건강하다고 자랑하고 교만할 것이 없습니다. 암에 걸린 사람 중에 내가 목격한 바로는, 어느 날 건강한 사람이 갑자기 암으로 쓰러져서 몇 해만에, 아니 몇 달 만에 죽어가는 것이 대부분입니다.

이와 같은 이유로 요즘은 암을 고치기보다는 예방을 중요시하고 있습니다. 일단 걸리고 나면 하나님께서 그분의 권능으로 직접 치료하기 전에는 의학적으로 못 고치는 경우가 많기 때문입니다.

암세포가 평균 10만 개 정도만 돼도 우리 몸의 세포들로써 충분히 물리칠 수가 있습니다. 그런데 우리 몸에서 암을 발견할 수 있는 1센티미터가 되려면 암세포가 10억 개가 되어 버립니다. 그렇게 되면 이미 때가 늦게 되는 겁니다.

인간의 뇌는 육체를 통제하는 기관입니다. 우리 몸을 조절하는 호르몬은 뇌하수체에서 나옵니다. 이 호르몬이 올라오면 몸의 카운트가 떨어집니다.

제가 5년쯤 전에 정신병원에 있는 사람들을 상대로 카운트를 연구한 적이 있습니다. 정상인 사람들은 카운트가 300에서 400인데 비해 이들은 100에서 200 정도로 내려가 있는 것을 발견할 수 있었습니다. 뇌의 기능이 떨어진다는 것입니다.

우리의 영과 혼이 뇌를 통하여 우리의 육체를 지배합니다. 우리의 혼이 고민을 하면 호르몬이 올라와 금방 우리의 몸은 이상을 일으키고 맙니다.

우리의 혼이 고민을 한다는 것은 하나님 앞에 죄의 문제가 해결되지 않았다는 말과 같은 뜻입니다. 바로 우리가 거룩하게 살지 못할 때에 우리 몸에 이상이 생겨서 7년 후의 일을 책임질 수 없게 되는 것입니다.

개인적으로 그렇게 생각합니다. 죄인은 용서해도 지우. 죄는 이 세상에 살면서 다 없애야 한다고.

5장
하나님이 찾는 사람

너는 나와 이긴 자

창세기 32장 24절~29절 말씀입니다.

"야곱은 홀로 남았더니 어떤 사람이 날이 새도록 야곱과 씨름하다가 그 사람이 자기가 야곱을 이기지 못함을 보고 야곱의 환도뼈를 치매 야곱의 환도뼈가 그 사람과 씨름할 때에 위골되었더라 그 사람이 가로되 날이 새려 하니 나로 가게 하라 야곱이 가로되 당신이 내게 축복하지 아니하면 가게 하지 아니하겠나이다 그 사람이 그에게 이르되 네 이름이 무엇이냐 그가 가로되 야곱이니이다 그 사람이 가로되 네 이름을 다시는 야곱이라 부를 것이 아니요 이스라엘이라 부를 것이니 이는 네가 하나님과 사람으로 더불어 겨루어 이기었음이니라 야곱이 청하여 가로되 당신의 이름을 고하소서 그 사람이 가로되 어찌 내 이름을 묻느냐 하고 거기서 야곱에게 축복한지라"

야곱이 씨름하다가 하나님인 줄 알고 하나님께 "당신 이름이 무엇입니까?" 그러니까 하나님께서 무어라 하신 줄 아세요? "건방진 놈." 하시면서 뼈를 부러뜨렸습니다.

이 환도뼈가 어딘가 자세히 생각해 보니 의학적으로 대퇴부였습니다. 우리들은 하나님께 나와서 "당신 이름이 무엇이오?" 하고 묻는 사람이 참 많습니다. 하나님 앞에 나와서 하나님을 찾으려는 사람, 하나님을 정의하려는 사람, 하나님에게 이름을 주러 나온 사람 말입니다.

혹시 그런 사람이 있으면 각오하시기 바랍니다. 하나님께서 건방진 놈 하고 뼈를 부러뜨리면 큰일납니다.

하나님께 이름을 주려고 나온 오만한 자들, 거만한 자들이 사실은 내가 크리스천이라고 하며 돌아다니는 사람이 참 많습니다. 하나님 앞에 나오는 사람은 "하나님, 당신이 보시는 나는, 하나님께서 알고 계시는 나는 나의 이름이 무엇입니까." 하나님께서 알고 계시는 나는, 나의 이름이 무엇입니까 하고 하나님께 이름을 묻는 사람이 될 때 하나님께서는 '너는 나와 이긴 자' 라는 이름을 주실 것입니다.

너는 나가서 불쌍한 영혼들을 위해서, 혹은 이 민족을 위해서, 너의 이웃을 위해서, 너의 친구를 위해서, 너의 가정과 너의 직장을.위해서 이 이름을 가지고 나가라 하시고 우리에게 부탁하실 것입니다.

내가 이렇게 시작하면 또 얘기가 길어질 것 같아서 이제 간증으로 들어가야 할 것 같습니다. 정말로 저의 간증은 미국의 여러 교회에서 많다면 많이, 적다면 적게 했지만 끝까지 해본 적이 없습니다.

저의 아버지께서는 전쟁이 끝날 무렵 군에서 불의한 사고로 예편하신 후에 또 사업도 여의치 않으시고 정신적으로 많은 고민을 하시던 끝에 설상가상으로 병까지 얻으셔서 돌아가셨습니다. 결핵성 뇌척수막염 또는 뇌막염이라고도 합니다.

얼마나 머리가 아프다고 비명을 지르셨는지 저는 그냥 바라만 보고 있을 수밖에 없었습니다. 지금 저 같은 의사를 만나셨다면 고칠 수도 있었을 텐데……. 어머니는 사업에 실패한 아버지 때문에 기도도 많이 하셨고, 약값과 생계도 꾸려야 했고, 위로 누나가 셋 그리고 막내아들 저를 데리고 정말 어둡고 괴로운 터널들을 지나셨습니다. 아버지는 제가 어렸을 때부터 직업군인으로 밖에만 나가 계셨기 때문에 아버지의 사랑은 전혀 모르고 자랐습니다.

그러한 가운데서도 어머니는 가정예배 시간이면 변함 없이 좋으신 하나님을 소개하시고 저에게 그 이름만 가지고 그 이름만 붙들고 세상을 이길 수 있는 힘을 넣어 주셨습니다. 언제나 하나님께서는 우리를 제일 사랑하신다고 용기를 주셨습니다. 우리의 영혼은 부유했으며 하늘나라를 소망하는 사람이 되었습니다.

우리 4남매는 한번도 "하나님 왜 이렇게 살기가 힘들어요." 하는 말을 한 적이 없습니다. 어렸을 때도 저는 어떻게 하면 어머니를 기쁘게 할 수 있을까 하는 생각만 갖고 있었으니까요. 온유한 마음을 가르치셨고 어머니는 아무 걱정 없는 것처럼 생각하면서 살자고 하셨습니다.

육신의 아버지에 대한 사랑을 잘 몰랐고 이런 가운데 어머니가 심어 주신 그 하나님을 아는 것 때문에 하나님께서 우리 아버지가 되셨습니다.

어머니께서 저의 마음속에 하나님을 심어 주시지 않으셨으면 나도 건달이나 거지가 돼 있을지 모르겠습니다.

하나님이 찾는 사람

여호수아 24장 15절에 있는 말씀입니다.

> "만일 여호와를 섬기는 것이 너희에게 좋지 않게 보이거든 너희 열
> 조가 강 저편에서 섬기던 신이든지 혹 너희의 거하는 땅 아모리 사람의
> 신이든지 너희 섬길 자를 오늘날 택하라 오직 나와 내 집은 여호와를
> 섬기겠노라 "

그 당시 바알신하고 야훼신하고는 비교할 수 없는 정도였습니다. 이 바알신이 100이면 야훼신은 1밖에 안 되었습니다. 그 당시 바알신을 알지 못하면 농사도 짓지 못하고 바알신을 믿지 않으면 사회생활에 적응하지 못하고 바알신을 알지 못하면 사회에서 출세도 못하는 그 당시의 상황에서 여호수아는 거기 모여 있는 백성들에게 여호와를 섬기겠노라고 했고 백성들도 그러겠노라 결의했습니다.

바알신이 아니라면 그 사회에서 출세할 수도 없고 농사도 지을 수 없는 환경에서도 그들은 한 발 한 발 여호수아 앞에 모여들어서 이 백성들이 이스라엘 민족을 이루었습니다.

성당에 나가는 사람을 찾지 않으십니다. 장로님을 찾지 않으십니다. 권사를 찾지 않으십니다. 집사를 찾지 않으십니다. 아마 우리 하나님은 목사를 찾지 않으실지도 모릅니다.

그러나 내 삶을 희생하면서, 내가 이제 여호와를 택하겠노라 하고 한 발 한 발 내딛는 그 믿음을 지금도 하나님께서는 찾고 계십

니다.

내 백성을 위로할 자를 찾고 계십니다.

내 백성에게 생명을 줄 자를 찾고 계십니다.

내 백성에게 하늘의 복과 하늘의 평안을 전파할 사람을 찾고 계십니다.

하나님께서는 지금 이 시간에도 내 삶을 드리기를 원하는 사람을 찾고 계십니다.

하나님께서는 또한 최대의 관심이 하나님께 있는 사람을 찾으십니다. 자기의 피 한방울, 머리카락 하나까지 모두 하나님을 향한 사람을 하나님은 찾고 계십니다.

그 사람은 아브라함 같은 사람입니다. 아브라함은 어떤 사람이었습니까? 아브라함은 세상에 살면서 텐트를 치고 산 사람입니다. 이 세상은 살 곳이 아니라고 생각하고 살았습니다.

세상에 살면서 목적이 하늘나라에 있는 사람, 이 세상에서 상급 받는 사람이 아니라 하늘나라의 상급과 그 나라의 영광이 나의 목적이 되는 사람을 애타게 찾으십니다.

하나님께서 아브라함을 부르셨을 때 아브라함아 나는 너에게 복을 주겠고 온 세계가 너를 통하여 복을 받게 하겠다고 하셨습니다.

아브라함을 부르신 이유는 아브라함에게 복을 주려고 하신 것이 목적이 아닙니다. 아브라함을 부르신 이유는 아브라함을 통하여 아브라함 주위에 있는 사람이 복을 받도록 하기 원하셔서입니다.

이것이 지도자의 자질입니다. 우리 인간의 본성은 지도자가 된다면 자기가 드러나기를 원합니다. 그것이 목적이 되기도 합니다.

대통령이 되는 것도, 대학총장이 되는 것도, 원장이 되는 것도, 회사의 사장이 되는 것도, 다른 사람이 나 때문에 복을 받게 하기 위해서라는 것이 목적이 되어야 참크리스천입니다.

나 때문에 나의 주위 사람이, 나 때문에 나의 가족이, 나 때문에 나의 학교가, 나 때문에 이 나라가 복의 근원이 되게 하리라. 말하기는 참 쉽습니다. 여기에는 필수적으로 따라야 하는 조건이 있습니다.

내가 다른 사람의 복의 근원이 되게 하려면 희생이 따릅니다. 모세는 지도자이기 때문에 얼마나 많은 희생을 치렀는지 모릅니다. 얼마나 고통을 당했는지 모릅니다. 그렇기 때문에 하나님께서 쓰는 지도자가 되었습니다.

사람들이 얼마나 많은 불평을 모세에게 했습니까? 얼마나 많은 손가락질을 했습니까? 어떤 때는 모세에게 돌을 던지면서 죽이려고까지 했습니다. 민족이 돌을 던집니다. 그렇지만 가야 할 길이기 때문에, 지도자로서 부름을 받았기 때문에 그 아픔을 감수하면서 걸어가는 모세의 모습, 이것이 참다운 희생의 모습입니다.

하나님 앞에 서서 이 사회의 지도자가 되기를 원하신다면 여러분 마음속 깊은 곳에, '나는 이 사명 때문에 희생을 감수하리라.'

하는 마음이 있어야 합니다. 나의 삶에서 잘 먹고 잘살고 좋은 차 굴리고 아이들 잘 되게 하겠다는 마음이 내 마음속의 목적으로 있는 분은 정녕 하나님의 쓰시려는 위대한 지도자가 될 수 없습니다.

지금이라도 '내가 하나님의 사명을 감당할 수 있도록 희생할 수 있는 자가 되게 하옵소서. 내가 고난을 감수하는 사람이 될 수 있게 인도하여 주옵소서.' 하는 것이 기도의 목적이 되는 사람이 지도자 자격이 있는 사람입니다.

그것 없이 나의 영광을 위해서, 나의 안락을 위해, 내 가정을 위해서, 자녀를 위해서 자기 삶의 목적이 있는 사람은 지도자가 되더라도 이스라엘의 왕밖에 될 수 없습니다. 이스라엘의 왕들은 예언자들과 관계가 있었습니다. 왜냐하면 그들은 자기의 영광을 찾고 있었습니다. 예레미야나 이사야를 보면 용서하는 사람, 그리고 희생하는 사람들이었습니다.

자기를 희생할 수 있는 대표적인 모델은 예수님이십니다. 예수님은 자기 몸의 전부를 내어 주시면서 하나님의 목적을 위하여 마지막 피 한방울까지 흘리시면서 십자가를 지셨습니다. 그 예수님을 내 마음에 받아들이고 이제부터의 내 삶이 예수님만 위한 삶이 되어야겠습니다.

예수님의 고난의 십자가를 감사함으로 받을 수 있는 것을 나의 사명이라 생각하고 깊은 곳에서 그 마음이 우러나기 전까지는 하나님이 원하시는 지도자가 될 수 없습니다.

당신은 예수님의 이름으로 무엇을 원하십니까. "예수님 내가 잘 되게 해주세요." "내 사업이 잘 되게 해주세요." "내 건강을 지켜 주세요." 하고 바라지는 않습니까? 하나님은 "여호와의 이름을 망령되이 일컫지 말라."고 십계명을 통하여 우리에게 명령하셨습니다. '말라' 하는 그 말씀은 해도 괜찮고 안 해도 괜찮다는 말이 아닙니다. 절대적인 명령입니다.

여호와의 이름을, 하나님의 이름을 하나님의 영광을 위해 쓰지 않고 자기의 유익과 자기의 개인적인 사리사욕을 위해 쓰는 사람은 하나님의 이름을 망령되이 일컫는 사람입니다.

거룩하신 이름을 개인의 유익을 위해서 영욕을 위해서 썼던 우리는 이 시간 회개해야 합니다.

우리는 새로운 피조물이 되어야 합니다. 갈라디아서 6장 15절 말씀을 보십시오.

"할례나 무할례가 아무것도 아니로되 오직 새로 지으심을 받은 자뿐이니라"

우리는 크리스천 생활을 통해서 할례하는 것 때문에 너무나 많은 삶의 에너지를 뺏기고 맙니다. 할례가 무엇입니까. 종교입니다. 사도 바울 선생이 우리에게 이야기한 것은 너는 종교를 가져라가 아닙니다. 감리교, 장로교, 침례교, 가톨릭이 되라가 아닙니다.

그것이 무엇입니까. 우리 육에 나타나는 할례입니다. 하나님이 원하시는 것은 네가 할례를 받았느냐 받지 않았느냐가 아닙니다. "너는 새로운 피조물이냐?"

하나님께서 우리에게 원하시는 것은 새로운 피조물이 되는 것입니다. 어떤 사람이 새로운 피조물이라고 생각하십니까? 하나님이 원하시는 피조물은 어떤 사람입니까?

새로운 피조물은 화해하는 사람입니다. 하나님께서는 이미 화해해 놓으셨습니다. 예수 그리스도의 보혈의 능력의 역사로 이미 하나님 쪽에서는 화해를 해놓으셨습니다. 하나님께서는 우리가 겸손한 마음으로 나와서 화해하기를 바라십니다. 하나님과 화해한 사람은 자기와 화해합니다. 우리 사람은 알게 모르게 자기 자신을 미워하는 사람이 많습니다. 자기와 화해해야 하는 큰 이유는 예수님이 나에게 목적을 두고 계시기 때문입니다.

이 세상에 40억이 다 예수님 믿고 저 하나만 안 믿어도 저는 장담합니다. 예수님께서 저 때문에 오셨습니다. 분명히 우리 한 사람 한 사람을 위해서 예수님은 사랑을 가지고 십자가의 고통을 지셨습니다.

그만큼 화해한 사람은 소중합니다. 우리 서로가 화해하기 원하십니다. 주위에 있는 사람과 화해하기를 원하십니다. 교회들이 화해하기를 원하십니다. 요즘 젊은이들은 교회에 석 달만 다녀도 자기 맘속에 하나님의 모습을 그립니다. 하나님의 형상을 그립니다.

아, 하나님은 이런 분이다. 그려 놓습니다. 그리고서는 다른 사람이 "하나님이 이런 분 같아." 그러면 얘기도 듣기 전에 "아니야, 하나님은 이런 분이야." 그리고 또 싸웁니다. 그런 사람이 저였습니다.

특히 엘리트라는 학생들은 석 달만 다녀도 하나님을 단정해 버립니다. 우리 마음속의 형상은 부서져야 합니다. 그것 때문에 우리는 하나가 되지 못합니다. 우리가 예수님의 몸을 찢고 있는 이유는 우리 마음속에 하나님의 형상이 있어서 그렇습니다. 하나님의 형상을 자기 말로 해석하는 것 자체에 문제가 있습니다. 그게 하나님의 이름을 망령되이 일컫는다는 것입니다. 왜? 하나님을 누구의 수준으로 끌어당겼습니까? 자기 수준입니다.

배운 사람들이 저지를 수 있는 오만입니다. 하나님께서는 의로운 사람을 찾으십니다. 목마른 사람이나 허기진 사람처럼 의를 위하여 목말라 하는 사람, 그 사람이 행복한 사람이라 말씀하셨듯이, 세상의 부귀영화보다 지식보다 귀한 것이 의입니다. 천국백성에게 필수적인 것입니다.

사도 바울은 율법으로 의로워질 수 있다는 생각도 해보았으나 예수의 공로 없이는 의로워질 수 없었습니다. 세상의 것은 소유하면 할수록 더욱 갈급하고 만족이 없으나, 하나님의 의는 촉촉히 스며드는 시냇물처럼 예수님의 의로 젖어들고 스며듭니다.

주님께서 온유한 도구로 사용하여 주시옵소서. 이 땅의 젊은이들을 축복의 도구로 사용하시옵소서. 간절히 간절히 기도할 따름입니다.

의인 열 명만 있으면 이 나라는 변할 수 있습니다. 마음에 소원하는 자들을 축복하소서.

돈 주고도 살 수 없었던 가난

지금도 저의 뇌리에 기억되고 있는 것은 사랑하는 어머니의 기도 소리입니다. 다른 사람들이 아무리 우리 가족을 보고 손가락질을 해도, 또 아무리 우리 가정을 천시할지라도 내가 사람들 앞에 또 하나님 앞에 귀한 사람인 것을, 내가 어릴 때부터 깨달은 이유는 우리 어머니의 기도가 늘 있었기 때문입니다.

새벽마다 잠을 깨게 되는 것은, 저의 머리에 얹으신 어머니의 찬 손이었습니다. 장마다 페이지마다 제가 제일 많이 하고 싶은 말은 우리 어머니가 흘린 새벽기도의 눈물입니다. 지금 생각해 보면 하나님께서는 다 기억하셨습니다. 오히려 더 얹어서 보너스도 주셨습니다.

"하나님 아버지, 이 자녀들 아버지가 길러 주세요."

하루도 빠지지 않고 눈이 오나 비가 오나 어머니의 변함없는 기도 소리를 하나님께서 들어 주셨습니다. 그 목소리의 주파수까지 아직도 기억이 나며 귓가에 쟁쟁합니다. 하나님을 알게 하시고 오직 하나님만이 그들의 목적이 되게 해달라고 기도하시던 우리들의 어머니. 여러 가지 어려운 가운데서도 우리를 키우시면서 그 당시 우리 가정의 광야생활은 끊이지 않았습니다.

그때 의지할 곳은 하나님밖에 없었습니다. 지금 생각해 보면 그때 내 마음은 아팠지만 돈 주고도 살 수 없는 참어려움 때문에 하나님만 의지하고 살았습니다. 사실 저는 그 때의 가난과 어려움을 하나님께 감사드립니다.

여러분도 어려움을 하나님 안에서 좋은 것으로 돌이킬 수 있다면 그것은 모든 악을 선으로 이기는 방법이 되고 맙니다. 여러분의 삶 속에 어려움 가운데 계신 분, 고통과 번민 가운데 계신 분, 나는 왜 이런 팔자인가? 왜 이런 기구한 운명인가 하고 좌절하고 계신 분이 계시다면 그 속에서 하나님을 찾으십시오. 그것이 진짜 예수 믿는 사람입니다. 나의 걱정과 나의 근심과 어려움 속에서 하나님을 찾을 수 있는 놀라운 축복의 계기로 여러분 삶을 돌려 주실 거라고 저는 확신합니다.

하나님과는 일 대 일의 관계입니다

받은 증거 있는 자는 증거하라 하셨습니다. 병고침 받은 문둥이 중에 한 문둥이의 감사를 강조하셨듯이 저의 간증은 제가 하고 싶어서가 아닙니다. 여러분이 보시기에 훌륭한 인격자 또한 아닙니다.

저는 하나님께서 훌륭하신 어머니를 주셨습니다. 그러나 어머니의 공로로, 어머니의 기도로 천국 가는 것이 아닙니다. 하나님과 나는 일 대 일의 관계입니다. 어머니와도 아버지이시고 저와도 아버지이십니다.

세상에 지식 있는 자를 찾지 않으시고 순종하는 자, 겸손한 자를 찾으시는 하나님은 순종하기를 원하십니다. 매일매일 새로워지기를 원하십니다.

이렇게 떠들썩하게 간증하게 되리라고는 꿈에도 상상을 못했던 일입니다. 저를 통한 하나님의 놀라운 계획 중의 한 장면들입니다. 하늘나라가 나의 목표입니다. 그 날까지 쓰임받고 싶습니다. 주님의 음성을 잘 들을 수 있는 하나님의 참종이 되고 싶습니다.

머리를 숙이고 기도하는 가운데 저에게 지혜를 '탁' 하고 주시는 것이 아니라 하나님께서 기다리셨던 것 같았습니다. 저의 과거의 삶을 돌아다보면 순간순간 하나님의 응답이 있었습니다. 그리고 삶 속에서 결정적인 희생이 있을 때까지 하나님께서 기다리시는 것을 보았습니다.

사랑하는 여러분, 분명히 기도 속에 응답이 있는데 세상에 이루어지지 않을 때는 저처럼 생각해 보십시오.

내가 기도의 응답을 받았고 내가 하나님께 응답을 받았지만 내 삶의 실제적인 생활 속에서 내가 하나님을, 또 예수님을 박대하고 있지 않은지 생각해 보시기 바랍니다. 이것이 아마 여러분 기도의 응답의 초점이 되어야 하지 않을까 생각도 해봅니다.

많은 사람들이 암에 걸리면 바로 죽지 않습니다. 저는 그것에 대해서 의문이 많습니다. 아버지 앞에 하나님, 왜 암에 걸린 사람들이 일 년, 일 년 반 고생하다 죽습니까? 왜 어떤 사람이 중풍에 걸리면 5, 6년씩 다른 사람에게 대소변 가리게 하고, 다른 사람에게 천대와 멸시받게 하다가 데리고 가십니까? 하나님 왜 그러십니까?

이제는 대답을 얻었습니다. 그런 사람들을 우리들 곁에 두는 것은 그 사람을 통해서 그 주위에 있는 사람들이 복을 받게 하기 위해서입니다.

우리는 크리스천이라면서, '주님 사랑해요' 라는 찬송을 하면서, 어떤 때는 눈물을 흘리면서 감정에 복받쳐서 사랑하는 마음에 복받쳐서 손을 들고 "하나님, 내가 내 생애를 희생하겠나이다. 나의 모든 것을 희생하겠나이다." 합니다.

막상 교회 밖에 나와서는 나의 손길을 필요로 하는 사람들을 외면할 때에 예수님은 "너, 나를 사랑한다고 하면서 내가 막상 너에게 다가갈 때는 나를 외면하는구나." 하실 것입니다.

"나는 흰 옷을 입은 자로, 십자가 진 모습으로 너에게 나타나지 않겠다. 나는 너에게 지극히 작은 자로 나타나겠다"고 분명히 말씀하셨는데 아직도 우리는 교회 안에서만 크리스천이 될 때가 얼마나 많았습니까. 우리는 종교 안에서의 크리스천이 될 때가 많습니다.

예수님께서는 우리 삶 속에 사랑받기를 원하십니다. 우리 삶 속에서 이름 없이 빛도 없이 터벅터벅 걸어오시는 예수님을 귀중하게 여기시기를 지금도 기다리십니다.

제가 새벽기도할 때에는 늘 그런 영감을 주십니다. 저기 다가오는 환자가, 그 한 분 한 분이 예수님이 아니실까.

미시간 대학에서 보았던 스크린 사건 이후 저에게 이런 생각들을 주셔서 떨리는 마음으로 환자를 대하게 됩니다.

특히 암환자들은 너무 외롭습니다. 암환자들도 처음 2~3개월 동안은 가족이 돌보아 주는데, 6개월쯤 되면 가족들이 귀찮아합니다. 너무 힘드니까요.

1년쯤 지나면 '왜 빨리 안 죽나.' 다 그런 생각을 합니다. 가족 중에서 암환자를 경험 하신 분은 잘 아실 것입니다.

말기 암환자는 비참합니다. 그때 저는 기도합니다. '하나님 하실 수 있으면 저를 쓰셔서 그들에게 하나님의 사랑을 전달하게 해 주십시오.' 이것이 저의 소원입니다.

그래서 저는 저의 사무실에 있는 간호사들에게 의사 친구가 전

화해도 내가 나중에 전화하겠다고 말하고, 종합병원장이 전화해도 메모해 놓으라고 하고 내가 다시 전화하겠다고 말하지만, 환자들의 전화는 아무리 바빠도 전화를 안 받거나 미루는 일이 없습니다.

터벅터벅 어머니와 함께 지팡이를 붙잡고 따라오던 눈 먼 장님 거지 할아버지의 모습이 지금도 내 눈앞에 선합니다.

예수님은 절대 영광스러운 모습으로 화려한 모습으로, 할렐루야 소리를 들으면서 여러분에게 찾아오지 않습니다. 터벅터벅 물 한 모금 얻어먹기 위해 오시는 모습. 여러분의 따뜻한 손길이 그리워서 오십니다. 그때 여러분은 어떻게 하겠습니까?

아마 그것이 하나님께서 우리 사랑하는 청년들에게 부탁하는 예수님이신지도 모릅니다. 하나님께서 당신의 이름이 무엇이냐고, 너 나를 무엇을 통해서 보여 주겠느냐고 물으신다면…….

내가 지성을 통해서, 과학을 통해서, 쾌락을 통해서, 당신이 계시다는 것을 증명해 드리지요.

하나님은 여러분의 지성이 필요하지 않습니다. 여러분이 과학적인 증거로 하나님의 살아 계심을 증명해 주기를 원치 않으십니다. 하나님은 하나님이십니다.

하나님이 증명하시고자 원하는 것은 내가 희생하면서 진정 예수님의 모습이 여러분의 삶에 나타날 때 그 사람을 섬겨 주는 것입니다. 그 예수님이 드러나기를 원하십니다.

내가 공학박사가 되어서, 내가 의사가 되어서, 내가 교수가 되어서, 음악가가 되어서, 판·검사가 되어서 하나님의 살아 계신 것을 증명하리라⋯⋯.

난센스입니다. 하나님은 그것을 원치 않으십니다.

성경 어느 곳에도 세상에서 성공하라고 하지 않으셨습니다. 이제는 이 사회의 기둥이 되어서 내가 예수님을 섬기리라. 내 것이 없어지는 한이 있더라도, 나에게 희생이 있는 한이 있더라도 나는 예수님을 섬기리라. 그 사람이 얍복 강가의 야곱처럼 하나님께 이름을 받는 사람이 됩니다. 이스라엘이라는 사람이 됩니다.

너의 영혼의 음성을 들으라

사람은 5분 후의 일도 모릅니다. 세상의 많은 유혹을 뿌리치고 오직 내 영혼이 주님께 관심받는 영혼이 되어야 합니다.

마귀들은 깨어 있는 자를 끌어내리려고 내 주위에서 얼마나 미혹합니까. 이겨서 승리해야 합니다. 영혼의 소원을 만족시켜야 합니다.

이 세상에 살면서 세상 사람이 좋아하는 것 다하고 살아서는 하나님이 필요하실 때 절대 쓰임받을 수 없습니다. 지금 결정하십시다. 사랑하는 여러분, 어떤 길을 선택해야 하는지 성령님께서 도와 주실 것입니다.

에녹같이 인생의 사는 목표를 바꾸고 기도하는 사람이 되리라고 다짐하는 사람이 됩시다.

한단계 더 나아가서 에녹을 보여 주신 하나님은 우리에게 노아를 보여 주십니다. 노아는 많은 사람들이 비웃는 가운데서도 자기 인생의 목표와 방향을 과감히 바꾸었습니다. 그래서 그는 위험한 길을 택했습니다. 이제 우리도 삶의 방향을 바르게 선택해서 예수님의 사랑을 증거하는 자가 되어야 하겠습니다.

북한의 김정일을 위해서 변하는 것이 아니요, 사회문제를 위해서 변하는 것이 아니요, 우리는 하나님을 위해서 변화되어야 합니다. 매일매일 새로워져야 합니다. 하나님은 말씀을 통해서 목사님들의 설교를 통하여 우리 마음속 깊이 부탁하십니다. 하나님의 영혼의 음성을 들으라고 하십니다.

그 때마다 우리는 "네 그렇게 하겠습니다, 뜻대로 하겠습니다."
하고 얼마나 대답하였습니까. 찬송하면서 "내 삶을 받으소서 내
생명을 받으소서." 우리가 얼마나 쉽게 말했습니까. 하나님께서는
거기에서 멈추지 않으시고 노아에게 "이제 홍수가 내릴 텐데 노아
야 방주 지을 때가 되었다."고 하셨습니다. 그때 내가 만일 노아
였다면 가장 힘들 때가 언제인가 생각해 보았습니다.
　세상 사람들은 비웃는데 산으로 가서 첫번째 나무에 도끼를 찍
을 때의 노아의 모습이 보입니다. 노아는 마음의 결정을 했습니
다. 큰 방주를 짓는 데 몇 십 년이 걸릴지는 몰랐습니다. 지금같
이 조선공학과를 나온 사람도 아니고, 크레인이 있는 것도 아니
고, 오로지 하나님의 말씀에 죽으면 죽으리라 하는 믿음으로 자기
가족 아들 사위 딸들을 데리고 방주를 지어야 하는 노아. 앞으로
남은 자기 인생이 오직 방주 짓다가 끝날지도 모르지만 노아에게
는 하나님이 절대자였습니다.
　이 시대에 하나님은 왜 우리의 절대자가 되지 못합니까. 아들,
딸, 부인, 부모, 동생, 그들이 따라 줄까요? 우선 집안에서 반대
가 더욱 심하겠지요. 남들은 웃더라도 자기 가족만 따라 준다면
50퍼센트는 성공하겠지요. 자기의 삶의 목적지를 바꾸어 첫번째
나무를 찍던 노아의 모습을 상상해 봅시다.
　오늘 하나님께서는 이 나라와 민족의 소망인 젊은이들에게, 이
민족을 위하여 첫번째 나무를 찍어 줄 사람들을 찾고 계십니다.

누군가가 이 나무를 찍어야 합니다. 누군가가 이 방주를 지어야 합니다. 이 민족이, 하나님이 원하시는, 하나님이 기뻐하시는, 하나님께서 기뻐 받으시는 이 나라가 되려면 그 사명이 나에게 있다고 책임감을 느끼십시오.

그리고 이제는 나아가서 내 삶을 희생하면서 내 삶을 통째로 하나님께 바칠 각오를 하면서 노아처럼 첫 나무를 찍는 여러분이 되시기를 바랍니다.

예수 믿는 것은 '세상 + 천국'입니다

주님을 따라가는 사람은 희생을 해야 합니다. 주님 따라가는 사람은 세상 사람들로부터, 때로는 하나님으로부터 매를 맞습니다.

매를 맞을 때는 몹시 아픕니다. 그러나 그것이 내가 가야 할 길이기 때문에, 거기에서 나의 실존의 의미를 찾을 수 있기 때문에 달게 받는 것입니다.

거기에 내가 내가 된 이유를 찾을 수 있기 때문에 우리는 걸어가야 합니다. 그러기 위해선 매일매일 기도하는 시간을 잊지 마십시오.

나는 내 삶 속에서 매일매일 기도가 약해지면 제일 먼저 드러나는 것이 죽어야 할 내가 살아 있는 것을 보는 것입니다. 새벽기도가 약해지면 엉치뼈가 벌떡벌떡 일어납니다. 사랑하던 예수님이 가려지고 잘난 내가 나타납니다. 내가 제일 잘난 것 같습니다.

하나님이 원하시는 좋은 그 사람을 통해 하나님을 볼 수 있는 사람이지, 사람들 그 자체를 드러내기를 원치 않습니다.

하나님이 원하시는 사람은 투명한 사람이어야 합니다. 하나님의 영광을 드러낼 수 있는 사람이어야 합니다.

그러기 위해서는 기도가 필요합니다. 기도 많이 하는 사람은 대단한 힘을 가지고 있습니다. 기도 많이 하는 사람은 사람들이 막을 수 없는 힘이 있습니다. 내가 부탁하고 싶은 것은 그것밖에 없습니다.

하나님 기도하게 하옵소서. 아침에 기도하면서 겸손하게 하옵소

원종엽 목사가 시무하는 교회에서 설교를 마치고.

서. 오만한 자리에 서지 않게 하옵소서. 나의 육신의 부유를 위해
서 기도할 것이 아니라 내 민족을 위해서 내가 설 땅이 어디 있느
냐고, 내 나라를 위해서 내가 설 땅이 어디에 있느냐고 기도하게
하옵소서.

미래의 이 나라를 짊어지고 나갈 당신은 하나님을 두려워하는
자가 되어야 합니다. 예수 믿는 것은 정말 외롭습니다. 세상 사람
들이 나를 예수쟁이라고 하지만 나는 그 이름 때문에 존재할 의미
가 있다고 생각합니다.

예수님도 이 땅에서는 외롭게 살았고, 아브라함도 이 땅에서는

외롭게 살았고, 세상 사람에게 손가락질 받았지만 그것이 바로 나와 여러분이 영원히 사는 길입니다. 우리가 주님 앞에 쓰임받는 큰 그릇이 되려면 우리는 먼저 죽어야 합니다.

여러분 예수 믿는 일은 손해보는 일이 아닙니다. 예수 믿는 것은 '세상 + 천국'입니다. 서울대 수석 졸업했다는 이 가면을 매일 매일 깨고 싶습니다.

하나님 앞에 이제는 내가 산 것이 아니요 내 안에 그리스도가 산 것이니 내 육체 안에서 하나님의 영광이 드러나는, 나 자신은 죽어가는, 없어져 가는, 순간 순간들이 됩시다.

구주와 함께 죽었으니

　주님의 이름을 드러내기 위해서 주님의 영광을 드러내기 위해서 주님, 제가 그 길을 가겠나이다.
　주님, 저의 이름은 무엇입니까. 제가 서야 할 거룩한 땅에 나를 세워 주시라고 기도합시다. 이 찬송 깊이 생각하시면서 불러 봅시다. 어머니께서 고통스러울 때 부르던 찬송입니다.

　구주와 함께 나 죽었으니 구주와 함께 나 살았도다
　영광의 기약이 이르도록 언제나 주만 바라봅니다
　언제나 주는 날 사랑하사 언제나 새 생명 주시나니
　영광의 기약이 이르도록 언제나 주만 바라봅니다
　맘속에 시험을 받을 때와 무거운 근심이 있을 때에
　주께서 그 때도 같이하사 언제나 나를 도와 주시네
　언제나 주는 날 사랑하사 언제나 새 생명 주시나니
　영광의 기약이 이르도록 언제나 주만 바라봅니다
　뼈아픈 눈물을 흘릴 때와 쓰라린 맘으로 탄식할 때
　주께서 그 때도 같이하사 언제나 나를 생각하시네
　언제나 주는 날 사랑하사 언제나 새 생명 주시나니
　영광의 기약이 이르도록 언제나 주만 바라봅니다
　내 몸의 약함을 아시는 주 못 고칠 질병이 아주 없네
　괴로운 날이나 기쁜 때나 언제나 나와 함께 계시네
　언제나 주는 날 사랑하사 언제나 새 생명 주시나니

영광의 기약이 이르도록 언제나 주만 바라봅니다 아멘

이제는 돼지같이 먹기 위해 살지 맙시다. 이제는 주님께서 주신 사명 감당하면서 내가 배가 고프더라도, 내가 닳아 없어지더라도 주님을 위한 삶을 삽시다. 그렇게 사는 삶이 멋진 삶입니다.

우리의 새로운 각오가 하나님께 바쳐져서 우리 민족이 뒤집히고 이 나라가, 온 세계가 우리의 손을 통하여 뒤집어질 수 있는 놀라운 역사가 일어날 줄 믿습니다. 예수님께 우리의 몸을 맡김으로써.

우리 몸을 던져 버릴 때에 우리에게 필요한 믿음이 의지하는 믿음입니다. 끊이지 않는 믿음, 그 믿음이 우리 안에 들어오면 우리 삶의 모든 것은 하나님 앞에 의지하기 시작합니다. 그것이 자라고 자라면 우리 기도 속에서 "아버지 이것 해주세요. 아버지 저것 해주세요. 아버지 이것이 필요합니다. 아버지 저것이 필요합니다." 하게 됩니다. 그것이 버릇이 되다 보면 나의 기도와 나의 생각은 하나님께 의지하는 것밖에 없습니다. 아직 딱딱한 것을 먹을 수 없는 어린아이이기 때문입니다. 그러나 믿음은 성장하는 것입니다.

믿음의 대표적인 사람은 아벨입니다. 아벨은 아버지 앞에 하나님께서 살아 계신 그 구원의 방법을 의지함으로써 아버지를 기쁘게 하신 사람이라고 하는데, 아벨이 제사를 드리고 얼마나 살았습니까. 바로 죽었습니다. 하나님께 의지만 하는 믿음에서 바로 졸업하고……. 아벨이 그 믿음을 세상에 보여 주고 바로 형에게 맞아 죽었습니다. 우리 한국의 크리스천이나 미국의 크리스천들은 아직도 의지하는 신앙에서 끝나고 있을 때가 참 많습니다.

하나님께서는 좀더 큰 것으로 조금 더 깊은 것으로, 하나님께서 쓰실 수 있는 믿음으로 원하지만, 우리는 우리의 자신을 돌아볼 때 아버지… 나… 나… 나… 나를 위해서, 밤새 철야기도 때도 이것 주시고 저것 주시고, 그것밖에 없는 사람이 너무 많습니다.

"아버지 나 복 주세요. 공부 잘하게 해주세요." 잠만 자면서 놀면서 최선을 다하지 않으면서 책 한번도 안 읽으면서 "아버지 나 대학 들어가게 해주세요. 아버지 어머니들은 우리 아들 서울대학에 들어가게 해주세요." 그게 기도의 전부입니다.

우리의 믿음은 선택입니다. 이제부터는 행동이 필요합니다. 믿음은 "주여, 내가 믿습니다."로 끝나서는 열매 맺는 신앙이 절대 될 수 없습니다. 내 것, 내가 잘 되기 위해서, 내가 먹기 위해서, 다른 사람이 아프더라도, 다른 사람이 손해보더라도, 다른 사람이 마음이 아플지라도 나는 모른다. 오직 내가 유익이 되면 그것이 내가 원하는 모든 것이 되어서는 안 됩니다.

에녹을 봅시다. 그는 선택된 사람입니다. 믿음은 선택입니다. 두 번째 믿음은 선택인데 많은 사람들이 그때 당시에 어울려서 세상 삶대로 살아갈 때에 에녹은 선택을 했습니다. 에녹은 어떤 선택을 했을까요. "나는 하나님과 동행하리라. 나는 하나님과 동행하리라." 하는 것이었습니다.

이 선택을 통해서 하나님은 에녹이 얼마나 좋게 보였는지 죽이지 않으시고 데려가셨습니다. 이런 믿음은 지켜야 한다는 의미에서 에녹을 통해서 하나님은 우리에게 부탁하십니다.

"너는 네 삶 속에서 선택하라 세상 사람과 세상의 돈 세상의 명예를 향해서 흘러가는 나의 친구들과 주위 사람들을 따라가지 말고 너는 담대히 일어나서 나와 동행하는 사람이 되라"

그 믿음을 오늘 하나님께서 우리에게 요구하십니다.

여러분의 삶의 목적은 무엇입니까. 여러분의 인생의 목적은 무엇입니까.

예수님께서 지금 내게 어떤 모습으로 오셨을까요

이스라엘의 근원은 아브라함이었습니다. 아브라함이 하나님께 불리워진 이유는 하나님을 증명하라고 부르신 것이 아닙니다. 하나님의 이름을 세워 달라고 부르신 것입니다.

아브라함을 부르신 근원이 되기 위해서 여러분을 부르셨다라는 것을 꼭 기억하십시오. 여러분의 삶 속에 나타난 예수님, 앞으로 언제까지 예수님이 여러분 앞에 터벅터벅 걸어오시겠습니까.

오늘 이 시간 이 글을 읽는 여러분. 마음의 결정을 내리십시오. 나는 내 앞에 터벅터벅 다가서는 예수님을 박대하지 않으리라. 그 예수님을 만날 때마다 내 모든 것을 희생해서라도 잘 섬기겠다고 다짐하시기 바랍니다.

예수님께서 나를 위해 희생하셨으니까 나도 희생하겠다고 예수님 앞에 각오하시는 여러분이 꼭 되시길 원하십니다.

하나님께서는 그런 사람을 찾으십니다. 그런 사람 속에 하나님께서 역사하십니다.

내가 복 받기 위해서, 내가 잘 되기 위해서, 다른 사람이 무엇을 잃더라도 나는 잘 되어야겠다. 다른 사람에게 어떤 부정을 해서라도 나와 내 가정은 잘 먹고 잘 살겠다는 짐승 같은 생각으로 살지 마시고 예수님처럼, 바울처럼 나는 내 생애에 다가오는 예수님을 섬기리라는 마음으로 우리 삶을 바꿔 보십시오.

나의 삶의 패턴과 나의 삶의 목적을 바꾸는 삶, 그것은 용기입니다. 믿음입니다. 그 사람을 하나님께서는 찾고 계십니다.

너는 내 것이라 · 원종수 지음

초판발행/1994년 12월15일 · 초판25쇄/1997년 8월20일
등록번호/제10-1215호 · 발행처/국민일보사

발행인/차일석 · 주소/서울시 마포구 신수동 371-16
전화/860-0765~8 · 팩스/860-0735
ISBN 89-7154-086-9

값 5,000원

❖ 만든 사람들
편집장: 박정희   편집: 박은희